QUE SAIS-JE ?

DU MÊME AUTEUR

La gauche en France de 1789 à nos jours, PUF, coll. « Que sais-je ? », 2ᵉ éd., 1975.

Le pacifisme, PUF, coll. « Que sais-je ? », 1983.

L'occupation allemande en France, PUF, coll. « Que sais-je ? », 1985.

ISBN 2 13 042713 8

Dépôt légal — 1re édition : 1982
2e édition mise à jour : 1989, septembre

108, boulevard Saint-Germain, 75006 Paris

INTRODUCTION

L'histoire de la collaboration commence à être mieux connue, mais elle a été longtemps mal aimée. Au lendemain de la Libération on souhaitait oublier ces « quatre années à rayer de notre histoire ». Et Bernanos constatait : « La France ne pourra redevenir elle-même que lorsque le dernier des résistants aura enterré le dernier des collaborateurs. »

Les premières études — ainsi celle de Robert Aron — portèrent sur Pétain et le régime de Vichy. Elles plaidaient les circonstances atténuantes. L'Etat français, affirmaient-elles, avait subi la collaboration imposée par l'occupant et il en avait limité les effets. Laissant à de Gaulle le soin d'être l'épée de la France, Pétain en avait été le bouclier.

Un coup sérieux allait être porté à cette histoire, discrètement favorable à Vichy, par les études solides et objectives de chercheurs étrangers, Stanley Hoffmann, Eberhard Jaeckel, Robert Paxton.

Il est désormais établi que la collaboration a été délibérément recherchée par les Français, à Vichy comme à Paris. Les Allemands, et d'abord Hitler, n'y ont vu qu'un moyen de mieux assurer leur domination, ils n'y ont jamais cru.

La collaboration a été préparée par certains courants de pensée de l'entre-deux-guerres comme le pacifisme et le fascisme. Elle est née de l'armistice et du désarroi du pays.

Mais la collaboration d'Etat, que Pétain a souhaitée, dont Laval et Darlan ont été les artisans zélés, a été un choix grave qui a permis à l'occupant de s'assurer aux moindres frais la maîtrise du pays.

Au même moment la collaboration parisienne allait plus loin encore en adhérant avec passion à l'idéologie nazie.

La collaboration, qui avait été d'abord présentée comme une nécessité et un moindre mal, a rapidement déçu. Après 1942 le gouvernement de Vichy n'est plus qu'un satellite complaisant du Reich.

Les partisans de l'ordre nouveau perdent confiance. La collaboration c'est, pour Drieu, « des Allemands qui ne croyaient pas assez à Hitler chargés d'endoctriner des Français qui y croyaient trop » et, pour Fabre-Luce, « une bourse noire où des escrocs vendent à l'Allemagne une fausse France ».

La collaboration a duré cependant et elle s'est durcie. Elle a groupé pêle-mêle des politiques intrigants, des activistes frustrés, des « émigrés de l'intérieur », des passionnés et des affairistes, les stipendiés de la trahison ou les héros d'une cause perdue.

Le Comité d'histoire de la seconde guerre mondiale, animé par Henri Michel (1), a entrepris une large enquête qui permet de mieux connaître la collaboration sous ses formes diverses. Il nous a paru utile, à partir de ce que nous savons déjà, de tenter une première synthèse, un essai d'histoire de la collaboration.

(1) On suivra les études de l'Institut d'Histoire du temps présent, dirigé par François Bédarida, et les publications des correspondants départementaux.

Chapitre Premier

LES ORIGINES DE LA COLLABORATION

I. — 1919-1934 : Le rapprochement franco-allemand

1. **Le désir de paix.** — Au lendemain de la guerre les Français ne sont pas d'accord sur l'attitude à adopter à l'égard des Allemands. Les uns, avec la droite nationaliste, approuvent la fermeté de Poincaré. Les autres, et notamment la gauche, préfèrent la souplesse de Briand et souhaitent un rapprochement franco-allemand. Mais en fait c'est dans les milieux les plus divers qu'on sent un désir de paix et d'entente.

Ainsi, des aristocrates, le duc d'Harcourt, le comte de Gobineau, Mgr Mayol de Lupé, entretiennent des relations mondaines avec les junkers prussiens. Des hommes d'affaires préparent un marché commun de l'acier, et l'industriel Mayrisch fonde en 1926 un Comité franco-allemand où l'on retrouve Henri de Peyerimhoff des Houillères, Ernest Mercier de l'Electricité, René Duchemin de la Chimie, et aussi Wladimir d'Ormesson qui écrit en 1928 *Confiance en l'Allemagne*. Le patronat français utilise pour ces contacts le jeune agrégé d'allemand François Poncet, futur ambassadeur à Berlin.

Des catholiques comme Mauriac ou Mounier correspondent avec des chrétiens allemands. Les anciens combattants, d'abord réticents, comme Jean Goy de l'Union nationale (UNC), se rapprochent peu à peu de leurs camarades allemands qui ont subi les mêmes épreuves. Beaucoup de combattants, par estime pour l'adversaire allemand, s'engageront dans la collaboration, tels les Bucard, Déat, Darnand, Deloncle.

Les hommes politiques, soucieux de dépasser le nationalisme, font confiance à Briand, à la SDN, à l'esprit de Genève. C'est le cas de Painlevé, de Caillaux, de Paul Boncour, d'Herriot et, dans la ligne de Jaurès, du socialiste Léon Blum.

Mais ce sont surtout les intellectuels qui, par-delà la guerre, retrouvent la tradition de sympathie pour l'Allemagne qui date du romantisme. Romain Rolland, qui a médité en 1914 *Au-dessus de la mêlée*, représente bien ce courant où se mêlent Jules Romains, Henri Barbusse, Jean Giraudoux, André Gide, et aussi les surréalistes qui se proclament « les défaitistes de l'Europe ».

A droite c'est l'Europe unie qui séduit Drieu La Rochelle exaltant en 1931 *L'Europe contre les patries*. A gauche, c'est la paix, fruit de la réconciliation, qui passionne Alain, Malraux, Giono ou Félicien Challaye qui écrit en 1933 *Pour la paix sans aucune réserve*.

La presse joue son rôle dans ce mouvement avec Gustave Hervé, Fernand de Brinon, Bertrand de Jouvenel et surtout Jean Luchaire. Celui-ci, venu du radicalisme, auteur en 1929 d'un ouvrage intitulé *Une génération réaliste*, lance avec l'appui financier de Briand la revue *Notre Temps*.

Luchaire est précisément, avec un professeur allemand Otto Abetz, à l'origine de rencontres de jeunes qui débutent en 1930 au Sohlberg en Forêt noire et qui amènent la constitution d'un « Comité d'entente de la jeunesse pour le rapprochement franco-allemand ».

2. **La tentation totalitaire.** — La droite française, conservatrice quand elle est au pouvoir, devient volontiers activiste lorsqu'elle en est écartée. Ainsi naissent les ligues comme l'Action française au moment de l'affaire Dreyfus, avec Charles Maurras et Léon Daudet, ou en 1924 les Jeunesses patriotes de Pierre Taittinger. Il ne s'agit pas à vrai dire d'un fascisme français. Le mouvement corporatiste de Georges Valois, le Faisceau, n'a qu'une vogue éphémère et le Francisme de Marcel Bucard, calqué sur le parti italien, n'est qu'un groupe insignifiant.

L'Action française se réclame du nationalisme, volontiers anti-allemand, et tout autant la Ligue des Croix de Feu, issue du mouvement ancien combattant et qu'anime à partir de 1930 le colonel de La Rocque.

Mais les ligues ont des points communs avec le fascisme : la haine de la démocratie, l'exaltation de la violence, la xénophobie et l'antisémitisme. Leur but est d'exploiter le malaise d'un pays en crise pour imposer un régime autoritaire. Elles rêvent de Mussolini et de la marche sur Rome.

Les ligues bénéficient d'appuis dans la classe politique. Des députés (Tardieu, Philippe Henriot, Xavier Vallat), des conseillers de Paris, le préfet de police Jean Chiappe soutiennent leur action. Elles ont des amis sûrs dans l'armée (le maréchal Franchet d'Esperey, le général de Castelnau), dans les milieux littéraires (l'Académie française, les Editions Fayard), dans la presse : les quotidiens *le Matin*, *le Journal*, *le Petit Parisien* et surtout les hebdomadaires : *Candide* (1924), *Gringoire* (1928) où écrivent Henri Béraud, Georges Suarez, Abel Bonnard, et *Je suis partout* (1930), animé par Pierre Gaxotte, qui publie un article de Mussolini en 1931 et approuve les mesures d'Hitler contre les Juifs en 1933.

La droite activiste trouve aisément des soutiens financiers. Le parfumeur François Coty subventionne *l'Action française*, contrôle *le Figaro*, lance en 1928 *l'Ami du Peuple*, quotidien de la démagogie antiparlementaire, et fonde avec Jean Renaud la Solidarité française. L'industriel Ernest Mercier crée en 1925 le Redressement français avec Raphaël Alibert, futur ministre de Vichy.

Le 6 février 1934, né de la crise et du scandale, Stavisky amène le gouvernement Daladier à démissionner après une émeute que la droite salue comme « le grand soir des honnêtes gens » et Brasillach comme « l'aube du fascisme ».

A gauche, même certains socialistes admirent l'efficacité des régimes forts. Déat, Marquet, Montagnon — les néos — adoptent la formule : « Ordre, Autorité, Nation », et Léon Blum se déclare « épouvanté » en juillet 1933 par ce socialisme national d'inspiration totalitaire.

II. — 1934-1939 : La poussée pacifiste et fasciste

1. L'évolution des nationaux. — Le 6 février ramène la droite au pouvoir avec le ministère dit d'Union nationale du président Doumergue auquel participent Tardieu, Flandin, Laval et le maréchal Pétain. Mais la droite ligueuse accepte mal le maintien du régime démocratique, d'autant que les partis de gauche préparent leur union dans un Front populaire pour les élections de 1936.

Le nationalisme se transforme profondément. Jusque-là il a exalté la force française et dénoncé les illusions pacifistes de la gauche. A partir de 1933 l'ennemi n'est plus l'Allemagne, mais la démocratie et le communisme. Dès avril 1933, *Je suis partout* écrit, saluant le succès d'Hitler : « Pas de guerre de propagande, pas de guerre des démocraties. »

Le rapprochement avec les pays totalitaires passe d'abord par l'Italie. Maurras ne cache pas son admiration pour Mussolini et Philippe Henriot, faisant un discours à Rome devant les Chemises noires, les salue le bras tendu.

Pierre Laval, qui a signé sans conviction l'alliance avec l'URSS préparée par son prédécesseur Barthou, recherche l'entente avec l'Italie et essaie de ne pas la gêner dans sa guerre contre l'Ethiopie.

Lorsqu'il est question de sanctions internationales contre l'agresseur italien, la droite publie un manifeste des intellectuels *Pour la défense de l'Occident et la paix en Europe* que signent seize académiciens, douze membres de l'Institut et de très nombreux journalistes, parmi lesquels Brasillach, de Brinon, Maurras, Gaxotte, Thierry Maulnier.

L'Angleterre libérale, qui soutient la SDN et se méfie des dictatures, devient la bête noire des polémistes des ligues. Henri Béraud pose la question : « Faut-il réduire l'Angleterre en esclavage ? »

La Russie, dont le nationalisme français avait quémandé l'alliance du temps où elle était tzariste, devient l'adversaire privilégié puisqu'elle est communiste. Jacques Bainville prévient : « Une alliance avec les Soviets offre tout ce qu'il faut pour nous amener la guerre. »

L'anticommunisme conduit à considérer avec plus de complaisance le régime nazi, qui multiplie les déclarations rassurantes à l'égard de la France. Fernand de Brinon publie dans *le Matin* du 19 novembre 1933 la première interview d'Hitler. Gustave Hervé constate en octobre 1935 : « Hitler nous tend la main. Il faut causer avec Hitler. »

Certes, il y a des réticences. Maurras et La Rocque se méfient de l'Allemagne et Doriot insiste : « Ni Berlin, ni Moscou ». Mais il est admis qu'un conflit franco-allemand ferait le jeu de Staline.

Lors de l'entrée des troupes allemandes en Rhénanie en mars 1936, les « nationaux » qui avaient reproché à Herriot en 1924 l'abandon de la Ruhr, à Briand en 1930 la fin de l'occupation française, font savoir qu'ils refuseront de faire la guerre à l'Allemagne. *L'Action française* précise : « Nous ne sommes pas disposés à une croisade juive » et pour les élections de 1936 elle recommande : « Votez contre la Révolution et contre la guerre. »

Lorsque éclate la guerre d'Espagne en juillet 1936, *Je suis partout* s'écrie : « Le Front populaire, c'est la guerre » et *l'Echo de Paris* voit dans toute aide française aux Républicains « un crime contre la nation ». La non-intervention est saluée par *l'Action française* : « Blum la guerre a dû reculer » et Brasillach consacre un livre aux *Cadets de l'Alcazar*.

Les grandes grèves, les lois sociales de 1936, l'explosion du Front populaire ont profondément heurté les milieux conservateurs. La haine contre la gauche au pouvoir est si forte que d'aucuns proclament : « Plutôt Hitler que Blum ». C'est ce que Bernanos, écœuré par l'Action française, appelle « la trahison des nationaux ».

2. **La propagande des dictatures.** — L'opinion publique était sensible à l'influence d'une presse écrite passionnée et vénale. La plupart des journaux recevaient des subventions des milieux d'affaires, quelques-

uns également des ambassades étrangères comme celle d'Italie. Mussolini pouvait également compter sur l'appui de parlementaires toujours prêts à soutenir sa cause comme le sénateur Lemery, ami du maréchal Pétain, et les députés des ligues Xavier Vallat, Philippe Henriot.

L'Allemagne de Weimar s'était assurée discrètement des concours dans l'entourage de Caillaux et de Briand. Le régime nazi attacha une importance beaucoup plus grande à la propagande. Goebbels, Rosenberg, mais surtout Ribbentrop s'en préoccupèrent. Celui-ci, conseiller privé d'Hitler depuis 1930, dirigea à partir d'avril 1933 un bureau spécialisé, qui put compter en France sur Otto Abetz, secondé par l'écrivain Sieburg (*Dieu est-il français*, 1929) et par le Pr Grimm.

Les Allemands offrirent aux journalistes français des facilités pour rencontrer Hitler (Fernand de Brinon, Bertrand de Jouvenel, Alphonse de Chateaubriant). Ils allouèrent des sommes importantes à des organes de presse comme *le Matin*, *la Presse*, *les Nouveaux Temps* de Jean Luchaire. Paul Ferdonnet, qui sera en 1940 « le traître de Radio-Stuttgart », est au service de l'Allemagne, dont il exalte le chef dans *Face à Hitler* (1934), et pour laquelle il fonde, avec Lucien Pemjean, l'Agence Prima.

Les écrivains français sont appelés à faire des conférences en Allemagne comme Drieu La Rochelle, Jules Romains, Benoist-Méchin. Gaston Rebatet découvre l'Allemagne nazie en 1934, Brasillach, Georges Blond, Cousteau, Jeantet en 1936. Brasillach, assistant au Congrès de Nuremberg, est émerveillé par « ce lieu sacré du mystère national », « cette cathédrale de lumière ».

Les rencontres de jeunes, inaugurées au Sohlberg,

se poursuivent chaque année sous le contrôle de la Jeunesse hitlérienne. Des contacts sont pris, quoique sans succès, avec des syndicalistes, car Abetz joue volontiers à l'homme de gauche. Il réussit mieux avec les anciens combattants. Les représentants des deux grandes associations, Jean Goy, Henri Pichot, le député Scapini qui est aveugle de guerre, sont reçus par Hitler, lui-même ancien combattant. Un grand rassemblement est organisé à Verdun en 1936, que suivent des rencontres à Fribourg et à Besançon en 1937.

Dans ces conditions, il était réservé un rôle important aux Comités France-Allemagne, relancés en 1935, où l'on trouvait du côté allemand les P^rs^ Achim von Arnim et Grimm, du côté français, sous le patronage de Jules Romains, qui a écrit *Le couple France-Allemagne* en 1934, Scapini, Goy et Fernand de Brinon. Des cahiers franco-allemands parurent jusqu'en mai 1940.

D'autres organismes travaillaient au même but : le Cercle du Grand Pavois avec Bertrand de Jouvenel et Georges Suarez, les conférences Rive Gauche, animées par Annie Jamet et qui accueillirent Brasillach, Georges Blond, Thierry Maulnier. « De l'équipe Rive Gauche est sortie une partie des vrais collaborationnistes d'avant-guerre » devait constater le journal *Au Pilori* en 1943.

Ainsi les échanges franco-allemands prenaient d'année en année un sens plus politique, lors des jeux olympiques de Berlin en 1936, de l'Exposition universelle de Paris en 1937, du voyage en Allemagne des cinéastes français, des petits chanteurs à la Croix de Bois ou du Cadre noir de Saumur commandé par le général Bridoux.

On parla beaucoup vers 1937 de la Cinquième

Colonne, organisée en France par les Allemands pour l'espionnage et la subversion. Il est certain que les nazis bénéficiaient de complicités, comme Hitler l'avait prévu dès 1933 : « Partout en pays ennemi nous aurons des amis qui nous aideront... Nous n'aurons même pas besoin de les acheter. Ils viendront nous trouver d'eux-mêmes... »

3. **L'attirance du fascisme.** — L'influence des régimes totalitaires ne s'est pas exercée uniformément sur la droite française. Les ligues traditionnelles, même si elles admirent l'Italie et à un moindre degré l'Allemagne, repoussent l'idée d'un fascisme français inspiré par l'étranger.

L'Action française, que d'aucuns appellent « l'inaction française », semble bien assagie. Maurras, qui a été le maître à penser de tous les adversaires du régime, apparaît à beaucoup comme un conservateur vieilli. Les Croix-de-Feu, dont la mollesse au 6 février a surpris, se transforment après la dissolution des ligues en 1936 en un Parti social français, qui semble soucieux de s'intégrer au régime parlementaire si longtemps décrié.

Le fascisme à la française est d'abord une affaire d'intellectuels. Les thèmes en sont simples : le sentiment de la décadence française qui hante Drieu La Rochelle, écrivain tourmenté, depuis qu'il a écrit en 1922 *Mesure de la France*. L'impuissance de l'ancienne droite, « Les Nestors de l'effacement, les Machiavels de l'abstention » (Abel Bonnard). La volonté d'un ordre nouveau réconciliant le nationalisme de droite et le socialisme de gauche, ce que Drieu préconise en 1934 dans *Socialisme fasciste*.

L'idéologie est portée par la passion. C'est « un

appel irrationnel à de nouvelles raisons de vivre » (D. de Rougemont), une exaltation de la race, de la force, de la jeunesse, avec bien sûr le mythe du chef. Alphonse de Chateaubriant est fasciné par Hitler, « celui dont la vision s'impose, qui devient un modèle dans les cœurs », et dans *la Gerbe des forces* (1937) il voit dans le nazisme « un recommencement de l'œuvre de Dieu ».

Brasillach n'apprécie guère ces excès, il n'en pense pas moins alors que le fascisme est « une poésie et la poésie même du XXe siècle », et il n'oubliera jamais le fascisme de sa jeunesse « le fascisme immense et rouge ».

Il milite avec ferveur à *Je suis partout* qui a glissé du maurrassisme au fascisme, et où il retrouve Gaxotte, Lesca, Rebatet et Claude Jeantet qui passera en 1940 pour « le premier national-socialiste français ».

L'antisémitisme trouve une vigueur nouvelle avec l'exemple hitlérien. Les ligues se multiplient comme le Rassemblement antijuif de Darquier de Pellepoix qui s'écrie à la salle Wagram en 1937 : « Que les Juifs soient expulsés ou qu'ils soient massacrés. » Le futur commissaire aux questions juives réclame déjà un statut spécial pour les Juifs. Le Grand Occident de Pemjean et Ferdonnet proclame : « Le judéo-maçonnisme, voilà l'ennemi ».

La presse se déchaîne avec Henri Béraud, Rebatet, mais aussi les écrivains Jouhandeau et L. F. Céline (*Bagatelle pour un massacre*, 1937 ; *L'école des cadavres*, 1938), l'ethnologue Montandon, le philosophe Guiraud.

Le fascisme inspire des formations multiples : le Francisme de Bucard relancé en 1938, le Front franc de Jean Boissel, le Parti national-collectiviste de Pierre Clementi. Mais aucune ne peut se comparer au Parti populaire français, créé en juin 1936 par Jacques Doriot.

Le PPF a d'abord un vrai chef, vigoureux, éloquent, habile à manier les foules. C'est ensuite un parti de masse, même si ses effectifs réels n'ont sans doute pas atteint 100 000 adhérents, parmi lesquels 60 % d'ouvriers et de nombreux jeunes. On y trouve d'anciens communistes, un tiers environ, comme Paul Marion, Henri Barbé, Victor Arrighi, des ligueurs et parmi eux des intellectuels (Drieu, Jouvenel, Fabre-Luce, Fontenoy, Jeantet), des technocrates liés aux milieux d'affaires qui subventionnent le parti, comme Pierre Pucheu du Comptoir sidérurgique et Robert Lousteau.

La région parisienne avec Saint-Denis, mais aussi Marseille (Simon Sabiani), Lyon (Albert Beugras), Alger (Jean Fossati), comptent des partisans du « Grand Jacques ». Doriot gagne le soutien des agitateurs agrariens comme Dorgères, mais se heurte à l'hostilité de La Rocque qui refuse de faire entrer le PSF dans un vaste « Front de la Liberté » en 1938.

Le fascisme préparait-il un complot contre la République? Une ténébreuse affaire éclata en 1937 lorsque le ministre de l'Intérieur Marx Dormoy fit arrêter les membres de la Cagoule. A côté d'officiers de carrière qui luttaient contre l'infiltration communiste dans l'armée, un comité secret d'action révolutionnaire, animé par l'ingénieur Deloncle, organisait pour le compte de Mussolini l'assassinat des frères Rosselli, socialistes en exil, et des attentats à la bombe qui étaient de pures provocations. Les cagoulards arrêtés bénéficièrent d'une évidente clémence.

4. **La crise de Munich.** — L'hostilité de la droite aux hommes du Front populaire rend impossible la constitution, au moment de l'Anschluss en mars 1938, d'un gouvernement d'union nationale.

Léon Blum est en effet détesté à droite, « cet homme est tout ce qu'on veut sauf Français » a dit Maurras, et son second ministère est fragile. « Jamais la nécessité d'une révolution nationale n'a été aussi évidente » écrit *Candide* en mars 1938 en souhaitant le retour de la droite au pouvoir. C'est chose faite en avril lorsque Daladier fait appel aux modérés Reynaud et Mandel.

Le 29 septembre à Munich la France et l'Angleterre acceptent qu'Hitler démembre la Tchécoslovaquie. Georges Bonnet, ministre des Affaires étrangères, a prévenu Prague que « la France ne ferait pas la guerre pour les Sudètes ».

Force est de constater que sur le moment le pays approuva massivement cette capitulation. Il ne tarda pas cependant à se séparer en deux camps. La crise de Munich apparaît ainsi, avec le recul du temps, comme une grande cassure à l'intérieur même des partis. Bien des Munichois, pour avoir préféré la capitulation à la guerre, se retrouveront parmi les collaborateurs.

La droite ligueuse a pesé de tout son poids en faveur de la paix à tout prix. *L'Action française* proclamait le 20 septembre : « Les Français ne veulent se battre ni pour les Juifs, ni pour les Russes, ni pour les Francs-Maçons de Prague », et Thierry Maulnier avouait un peu plus tard : « Une défaite de l'Allemagne signifierait l'écroulement des systèmes totalitaires qui constituent le principal rempart de la révolution communiste. » Brasillach exprimait son peu de confiance dans les mobilisés « saouls d'idées fausses et de vin rouge ». Au PPF, où Doriot n'avait encore aucune sympathie pour l'Allemagne nazie, on considérait qu'il n'y avait d'autre adversaire que les communistes.

Parmi les modérés le pacifisme avait fait de grands progrès. Flandin, un des chefs de l'Alliance républicaine, avait fait placarder une affiche le 28 septembre pour alerter l'opinion : « Peuple français, on te trompe », et, au lendemain de l'accord, il avait envoyé un télégramme de félicitations à Hitler.

Toutefois la droite s'était ressaisie. Le sénateur François de Wendel constatait : « Il y a actuellement un danger bolchevique intérieur et un danger allemand extérieur. Pour moi le second est plus grand que le premier ». Paul Reynaud se séparait avec éclat de Flandin. Des journaux comme *l'Epoque* d'Henri de Kerilis, *l'Ordre* d'Emile Buré, *l'Aube* de Georges Bidault appellent à la fermeté. A *l'Action française* le nationalisme anti-allemand refait surface. Au PPF, lorsqu'on apprend que Doriot reçoit l'argent de Mussolini, Drieu, Jouvenel, puis Pucheu, Loustau, Marion quittent le parti.

En 1939, les vrais clivages s'estompent au profit d'une unité apparente. L'hostilité de l'Italie fasciste, l'annexion de la Tchécoslovaquie et surtout le pacte germano-soviétique dressent les nationaux, Maurras, La Rocque, Doriot contre Hitler. Mais c'est une guerre qu'ils subissent à contrecœur.

La gauche est tout autant mise à l'épreuve par la crise de Munich. Léon Blum, qui s'était déclaré le 20 septembre « partagé entre le lâche soulagement et la honte », avait approuvé l'action de Daladier. Il s'était ensuite persuadé que Munich n'avait fait que retarder la guerre.

Mais d'autres restaient résolument pacifistes, des intellectuels comme Alain, Giono, Challaye, des transfuges des grands partis comme les anciens radicaux, Gaston Bergery et Pierre Dominique, ou les anciens socialistes, les « néos » de 1933, Marquet, Montagnon et Marcel Déat qui publiait dans *l'Œuvre* du 4 mai 1939 l'article intitulé : « Mourir pour Dantzig? »

Le parti socialiste SFIO se divisait au Congrès de Montrouge (décembre 1938). La motion de Léon Blum, favorable à la défense nationale, se heurtait à une motion de Paul Faure, secrétaire général, hostile aux armements et au pacte franco-soviétique. Un tiers des militants avec Spinasse, Rives, Zoretti partageaient l'opinion de ce dernier qui déclarait en s'adressant à Blum : « On ne va tout de même pas faire la guerre pour 100 000 Juifs polonais. »

La CGT, réunifiée en 1936, connaissait pareil déchirement. Une minorité réformiste et anticommuniste animée par René Belin, futur ministre de Vichy, restait munichoise. On trouvait dans ce camp Georges Dumoulin, André Delmas du Syndicat national des Instituteurs, Jean Mathé qui avait écrit : « Plutôt la servitude que la guerre. »

Ainsi plus que le fascisme, dont l'influence était restée marginale, le pacifisme, que la gauche adoptait par peur de la guerre et la droite par peur de la révolution, préparait bien des esprits à la démission nationale.

Chapitre II

LES CONDITIONS DE LA COLLABORATION

I. — La défaite de 1940

1. **La drôle de guerre.** — Après Munich, Georges Bonnet avait tenté un rapprochement avec l'Allemagne et recherché jusqu'au dernier moment un compromis sur l'affaire polonaise. Bergery à la Chambre et Laval au Sénat s'étaient opposés le 2 septembre au vote de crédits destinés à la guerre. Un tract intitulé *Paix immédiate*, rédigé par l'anarchiste Louis Lecoin, avait été signé par des intellectuels de gauche. Quelques fascistes endurcis pensaient comme Alain Laubreaux : « Il n'y a plus qu'un seul espoir pour la France, une guerre courte et désastreuse. »

Pourtant l'opinion acceptait mieux la guerre depuis que l'Angleterre s'y déclarait résolue et que l'Allemagne s'était rapprochée de l'URSS. Les communistes qui, à partir du 20 septembre, dénonçaient « la guerre impérialiste », étaient de plus en plus isolés. La répression s'abattit sur leur parti, dont le chef Maurice Thorez avait déserté le 4 octobre pour rejoindre Moscou.

Peu à peu on s'installait dans une étroite défensive « avec l'illusion qu'en dépit de l'état de guerre on ne se battrait pas » (de Gaulle). A la fin de novembre l'invasion de la Finlande par l'URSS suscita l'idée d'une stratégie périphérique, qui, par une action en Scandinavie et au Caucase, priverait l'Allemagne de fer ou de pétrole tout en frappant son alliée soviétique. « J'estime capital, écrivait le général Weygand, de casser les reins à l'URSS en Finlande ou ailleurs. »

Quand la Finlande fut contrainte de traiter, Daladier fut vivement attaqué par ceux qui lui reprochaient de ne pas faire la guerre comme par ceux qui lui en voulaient de l'avoir déclarée. Laval fit alors sa rentrée politique.

Paul Reynaud devint président du Conseil le 21 mars, mais il n'eut qu'une voix de majorité. Au gouvernement les partisans d'une paix de compromis, Chautemps, de Monzie, Frossart, contrecarraient son action. Paul Baudouin, inspecteur des Finances, lié à la Banque d'Indochine, ami de l'Italie, était secrétaire du Comité de guerre en attendant d'être un des artisans de l'armistice. Flandin, Laval, Bergery s'agitaient dans la coulisse.

Reynaud avait pensé frapper un grand coup en Norvège, mais la riposte allemande avait été rapide. Il se flattait toutefois d'un succès diplomatique. Il avait obtenu de l'Angleterre le 28 mars un accord par lequel les deux pays « s'engageaient mutuellement à ne négocier ni conclure d'armistice ou de traité de paix durant la présente guerre si ce n'est d'un commun accord ». Assuré de l'appui anglais, protégé par la ligne Maginot, confiant dans son armée, le pays attendait l'attaque allemande.

2. **L'armistice.** — La campagne de France commençait le 10 mai, le front était rompu le 15, l'armée belge contrainte à capituler le 27; le repli des troupes franco-anglaises du Nord vers Dunkerque s'opérait sous la pression des panzers.

Reynaud avait fait entrer au gouvernement le 18 le

maréchal Pétain dont le prestige dans la nation était considérable. Il avait confié le commandement en chef au général Weygand, ancien adjoint de Foch.

Celui-ci, au moment d'engager une bataille décisive le 29 mai, écrivit à Reynaud que, si l'affaire tournait mal, ce serait au gouvernement et non à l'armée de prendre ses responsabilités.

Le 7 juin, la bataille de la Somme était perdue. Pétain avait confié à l'ambassadeur américain Bullitt, et cela dès le 4, que tout était fini. Weygand, envisageant l'armistice, redoutait des troubles intérieurs. Il confiait à de Gaulle : « Ah ! si j'étais sûr que les Allemands me laisseraient les forces nécessaires pour maintenir l'ordre. » Le 10 juin l'Italie déclarait la guerre et le gouvernement se repliait sur la Loire.

Le 12 juin, au château de Cangé, Weygand se prononça pour l'arrêt des hostilités. Reynaud répliqua que la France était tenue par l'accord avec l'Angleterre et il envisagea la poursuite de la lutte à partir soit d'un réduit breton, soit de l'Afrique du Nord.

Le 13 juin les partisans de l'armistice accentuèrent leur action. A Tours, au conseil suprême interallié, Churchill ayant reconnu que l'armée française pourrait être contrainte de cesser le combat, Baudouin en conclut un peu vite que l'Angleterre consentait à un armistice séparé. A Cangé, au cours d'une soirée tendue, Reynaud et Weygand s'affrontèrent à nouveau. Le maréchal Pétain sortit alors de sa réserve et lut une déclaration :

« Il est impossible au gouvernement, sans émigrer, sans déserter, d'abandonner le territoire français... Je resterai parmi le peuple français pour partager ses peines et ses misères... L'armistice est à mes yeux la condition nécessaire de la pérennité de la France éternelle. »

Pendant ce temps, alors que les Allemands franchissaient la Loire, le peuple de France, fuyant devant l'envahisseur, errait le long des routes. C'était l'exode, conséquence tragique de la défaite.

Le 15 juin, à Bordeaux, les partisans de l'armistice se concertèrent, Pétain, Weygand, Baudouin, Bouthillier. Ils furent rejoints par l'amiral Darlan, dont la flotte était intacte, et qui jusque-là semblait décidé à continuer la lutte. Marquet, le maire de Bordeaux, Laval, Alibert, tissaient leurs intrigues.

Weygand, au nom de l'honneur de l'armée, refusait la capitulation. Reynaud obstinément s'opposait à l'armistice. Chautemps proposa alors de demander à Hitler ses conditions pour l'arrêt des combats.

Le 16, le gouvernement anglais, prévenu, admit la démarche française pourvu que la flotte partît pour des ports anglais. Il offrit même, en gage de bonne foi, une union formelle entre les deux pays que les ministres français repoussèrent. Paul Reynaud, sentant la partie perdue en raison de l'attitude des chefs militaires, remit sa démission. Le maréchal Pétain aussitôt pressenti, constitua son cabinet avec les principaux partisans de l'armistice.

Le 17 juin, Pétain lançait son premier message au pays :

« C'est le cœur serré que je vous dis aujourd'hui qu'il faut cesser le combat. Je me suis adressé cette nuit à l'adversaire pour lui demander s'il est prêt à rechercher avec nous, entre soldats, après la lutte et dans l'honneur, les moyens de mettre un terme aux hostilités. »

Pétain, persuadé de la victoire allemande, avait fait demander à Hitler, par l'intermédiaire de l'ambassadeur d'Espagne, les conditions de paix et non seulement d'armistice. Pour lui, la guerre était finie et l'Angleterre ne tarderait pas à déposer les armes. De Gaulle, au contraire, estimant qu'une bataille était perdue et non la guerre, lançait au même moment l'appel du 18 juin.

Hitler s'attendait à la démarche française. Par esprit de revanche il avait d'abord fait préparer un projet très dur pour le vaincu. Mais à la réflexion, comme la guerre se poursuivait, il pensa que l'octroi à la France de conditions acceptables isolerait l'Angleterre et neutraliserait la flotte et l'Empire. Il admit donc une occupation seulement partielle et le maintien d'un gouvernement français souverain, ligoté toutefois très étroitement par la convention d'armistice.

Il expliqua à Mussolini, d'abord réticent, le 18 juin, que le maintien d'un Etat français dispenserait « de la responsabilité désagréable qu'assumeraient les puissances occupantes en se chargeant, entre autres choses, du domaine administratif ». Le règlement définitif n'interviendrait qu'à la paix.

La délégation allemande signifia aux Français à Rethondes que les conditions fixées par le vainqueur étaient à accepter sans discussion, ce qui fut fait le 22 juin. L'accord avec l'Italie fut signé à Rome le 24.

Pétain tira la leçon des événements dans son appel du 25 juin :

« L'armistice est conclu, le combat a pris fin... Les conditions auxquelles nous avons dû souscrire sont sévères... Du moins l'honneur est-il sauf. Nul ne fera usage de nos avions et de notre flotte. Nous gardons les unités terrestres et navales nécessaires au maintien de l'ordre dans la métropole et dans nos colonies. Le gouvernement reste libre, la France ne sera administrée que par des Français. »

Le message fut écouté avec émotion et soulagement par un pays désemparé qui accueillit l'armistice comme un moindre mal et qui en sut gré au maréchal Pétain.

3. **Le mythe Pétain.** — Le maréchal Pétain, à 84 ans, est un personnage de légende. Il est le plus populaire des grands chefs de la guerre 1914-1918, le vainqueur de Verdun. Il passe pour le plus humain, avare du sang de ses soldats.

Après la guerre, il a su garder son prestige tout en faisant preuve de réserve. Pacificateur du Maroc en 1925, spécialiste des problèmes de défense, il est alors ouvert aux idées nouvelles en matière de stratégie comme en témoigne sa longue amitié avec de Gaulle. Ministre en 1934 dans un cabinet d'union nationale, il a pris soin de préciser : « Je n'ai jamais fait de politique et je ne veux pas en faire. » Il apparaît bon républicain.

On le sait simple, solide, proche du peuple, fier de ses origines paysannes (« la terre, elle, ne ment pas »). Chacun est frappé par sa prestance, par « l'air de gravité et de noblesse qu'exprime son beau visage » (Léon Blum).

Dans le malheur, il est l'ultime recours. Il a fait à la France le don de sa personne. Il devient l'objet, en zone libre notamment, d'une immense ferveur. Bien des engagements seront pris par référence aux options du Maréchal.

Mais le mythe est trompeur. « Il n'y a pas d'homme

plus secret », disait son ami, le sénateur Lémery. Sans faire de politique, il a depuis longtemps des sympathies à droite. Il admire Maurras dont il soutient la candidature à l'Académie française en 1938. Il apprécie La Rocque et la formule qu'il a lancée : « Travail, famille, patrie ». Il approuve la lutte contre la pénétration communiste dans l'armée menée par un de ses officiers, Loustanau-Lacau.

A partir de 1934 il multiplie les contacts politiques tout en appelant à l'union et à l'ordre. De divers côtés on pense à lui chez les ligueurs qui en appellent à une dictature de salut public. Gustave Hervé s'écrie : « C'est Pétain qu'il nous faut ! »

Au moment du Front populaire qu'il réprouve, le Maréchal déclare à Verdun en juin 1936 devant les anciens combattants : « Il est grand temps que les Français se reprennent. » Il ne cache pas sa sympathie pour les régimes forts et, alors qu'il déteste de longue date les Anglais, il évoque à Verdun le rapprochement avec l'Allemagne : « Les mains ne pourraient-elles être tendues par dessus les ponts verrouillés ? » En 1939 il est ambassadeur auprès de Franco.

A plusieurs reprises on le presse à droite de prendre le pouvoir. Mais il refuse, estimant que « le peuple n'a pas encore compris ». Il n'entre au gouvernement que le 18 mai 1940, bien décidé à faire porter le poids de la défaite au régime et non à l'armée.

Le 20 juin il justifie l'armistice : « Trop peu d'enfants, trop peu d'armes, trop peu d'alliés », ce qui disculpe les chefs militaires, et surtout : « L'esprit de jouissance l'a emporté sur l'esprit de sacrifice ». Le 25 juin il précise : « Je hais les mensonges qui vous ont fait tant de mal... C'est à un redressement intellectuel et moral que d'abord je vous convie. »

Il faut expier le péché de République et déjà « la France est bruissante de millions de *Confiteor* » (Fabre-Luce). Le 10 juillet, avec l'aide de Laval, Pétain devient chef de l'Etat français. Plus qu'à la collaboration, il pense alors à l'ordre nouveau, à la Révolution nationale.

II. — Le régime de l'armistice

1. **Les conditions de l'Occupation.** — Les conventions d'armistice avec l'Allemagne et l'Italie n'étaient pas une simple suspension d'armes, car le gouvernement français s'engageait à interdire à ses ressortissants de reprendre le combat. Les clauses militaires, très rigoureuses, imposaient la captivité des prisonniers jusqu'à la paix, la limitation de l'armée à 100 000 hommes, la livraison du matériel de guerre, le désarmement des forces aériennes. Seule la flotte bénéficiait d'un traitement plus favorable, elle resterait française, mais serait désarmée sous le contrôle des vainqueurs.

Les clauses d'ordre économique plaçaient sous contrôle allemand la reprise du commerce maritime et les échanges entre les deux zones. Par ailleurs, les frais d'entretien des troupes d'occupation étaient à la charge du gouvernement français.

La décision la plus importante était le partage de la France en deux zones par une ligne allant de la frontière espagnole à la frontière suisse et passant à l'est d'Angoulême, Poitiers, au sud de Tours, Bourges, Moulins, Dole.

A) *La zone occupée*, au nord, comprenait les régions les plus riches avec Paris. L'Allemagne y exerçait « tous les droits de la puissance occupante ». Le pouvoir y appartenait en fait à l'autorité militaire, mais les services allemands étaient d'une grande complexité.

Le gouverneur militaire (Militärbefehlshaber in Frankreich), installé à l'hôtel Majestic, dépendait du maréchal Keitel.

Il assurait la sécurité des troupes mais aussi l'ordre public, le contrôle de la vie économique, la propagande et la direction de l'opinion. Ses ordres étaient exécutés sur le plan local par des « Kommandantur ». La police militaire, chargée du contre-espionnage (l'Abwehr), avait son siège à l'hôtel Lutétia.

Mais Gœbbels avait son mot à dire pour la propagande, Gœring pour l'économie par le biais d'une commission dirigée par Hemmen, Ribbentrop pour les rapports avec Vichy par l'intermédiaire d'Abetz, nommé ambassadeur auprès du gouverneur. Himmler avait en outre installé dès juin 1940 le ss Knochen qui développa son action de police aux dépens de l'Abwehr. Enfin Hitler pouvait à chaque instant décider souverainement.

L'administration française était maintenue, mais l'article 3 de la Convention d'armistice lui faisait obligation de « collaborer » avec l'autorité allemande et de fournir notamment, sous peine de sanctions, tous les renseignements demandés. Pour représenter Vichy en zone occupée, un délégué général du gouvernement français fut accrédité, et de Brinon qui occupa ce poste à partir de décembre 1940 se voulut l'auxiliaire zélé des Allemands.

La France occupée se mit ainsi à l'heure allemande. Le drapeau à croix gammée flotta sur les bâtiments publics. Partout le vainqueur, affectant la correction, s'installa en pays conquis.

B) *La zone libre*, au sud, était laissée en pleine souveraineté au gouvernement de Vichy. L'armistice prévoyait cependant des commissions de contrôle et il y eut quelques difficultés avec les Italiens. Plus grave fut la nécessité d'une autorisation allemande pour la publication du *Journal officiel*, soumis ainsi à la censure, et pour la nomination des fonctionnaires. En ce qui concerne l'Empire, l'éloignement de certaines colonies et la menace anglo-gaulliste incitèrent les Allemands à la prudence. Un contrôle discret s'exerça sur l'Afrique du Nord, non sans laisser quelques libertés à un homme résolu comme le général Weygand.

2. Les pressions allemandes. — L'armistice pouvait être dénoncé à tout moment par l'Allemagne si le gouvernement français ne remplissait pas les obligations assumées par lui dans la Convention (art. 24). Il y avait donc la menace toujours présente d'un gauleiter qui aurait traité la France comme la Pologne. Pétain y fut sensible.

Les Allemands, quant à eux, n'eurent aucun scrupule à outrepasser les conditions de l'armistice. Dès juin 1940, l'annexion de l'Alsace-Lorraine fut décidée sans être ouvertement déclarée. Les expulsions commencèrent. La Lorraine fut rattachée à la Sarre, l'Alsace au Pays de Bade avec deux gauleiter, Bürckel et Wagner. La germanisation fut entreprise et la langue allemande imposée. Les protestations du gouvernement français, qu'il n'osa pas rendre publiques, restèrent sans réponse.

Des zones interdites furent instituées au nom de nécessités militaires dissimulant des arrière-pensées politiques. Les départements du Nord et du Pas-de-Calais furent rattachés au commandement de Bruxelles. La zone du Nord-Est, retrouvant les limites du Saint Empire romain germanique, se trouva coupée de la zone occupée et en partie livrée à des colons allemands.

La commission d'armistice de Wiesbaden fut en fait un organisme allemand, nullement paritaire, qui interpréta toujours la convention dans le sens le plus favorable aux intérêts du Reich. Le retour du gouvernement français à Paris, prévu à l'article 3, fut pratiquement rendu impossible par la volonté des Allemands, et notamment de Ribbentrop. L'influence de Vichy en zone Nord se trouva de ce fait très réduite.

Les moyens de pression dont disposaient les Allemands étaient si grands que le gouvernement français allait nécessairement rechercher, au fur et à mesure que la situation se prolongeait, un allégement des contraintes qu'il subissait.

La ligne de démarcation était pour l'occupant comme « un mors dans la bouche du cheval » (général Stulpnagel). Le fonctionnement très rigoureux au début pour le passage des personnes, du courrier, des valeurs, des produits, fut peu à peu assoupli. Mais à la moindre difficulté les Allemands pouvaient paralyser le pays en refermant la ligne.

Les prisonniers de guerre, 1 500 000, maintenus dans des camps en Allemagne, étaient autant d'otages. Le gouvernement était prêt à bien des concessions pour les faire libérer.

Les frais d'entretien des troupes d'occupation furent fixés par Hemmen en août 1940 à une somme de 400 millions de francs par jour, ce qui correspondait à une armée de 18 millions d'hommes. Le taux du mark fut établi arbitrairement à 20 F, soit au double de sa valeur d'avant-guerre. Un accord de compensation permit avec les sommes exigées le pillage légal de la France.

Les collaborateurs parisiens, encouragés par l'occupant à critiquer sévèrement Vichy, pouvaient à tout moment être présentés comme des partenaires de rechange, même si, en fait, on préférait utiliser le prestige du Maréchal.

Ainsi, l'armistice servait au mieux les intérêts allemands.

3. **Le face-à-face franco-allemand.** — Les dirigeants français se veulent réalistes. « Croyez-vous, dira Laval à son procès, qu'en 1940 un homme de bon sens pouvait imaginer autre chose que la victoire de l'Allemagne ? » Il fallait donc, à partir du moment où on avait exclu toute idée de résistance active, composer avec le vainqueur.

Les uns, avec Weygand, pensaient qu'il fallait tenir les engagements pris, « l'armistice, rien que l'armistice », et refuser toute négociation politique. Le sénateur Lémery ajoutait : « On ne connaît pas de contrat qui tienne avec les Allemands, en dehors des termes de l'armistice refusons tout. » Il devait être possible d'abord, par la Révolution nationale, de restaurer les valeurs traditionnelles et, peu à peu, grâce à la flotte et à l'empire préservés, de recréer une force française.

D'autres, avec Laval, allaient beaucoup plus loin. L'armistice impliquait la collaboration, non seulement pour atténuer la rigueur du présent, mais pour assurer l'avenir. Dès juillet 1940 Laval affirmait : « Il faut nous pénétrer que la France doit collaborer avec l'Allemagne » et il précisait : « La constitution doit être réformée et doit être alignée sur les Etats totalitaires. L'institution de camps de travail doit être envisagée. » Il n'excluait pas une adaptation des principes nazis et une participation à l'effort de guerre allemand. La France y gagnerait ainsi d'être mieux traitée à la paix et intégrée à l'Europe nouvelle. Darlan, dans le même esprit, souhaitait que la France devînt « la province favorite d'une Europe germanisée ».

Pétain adoptait une attitude intermédiaire. Il avait été frappé par le relèvement de l'Allemagne après 1918. Il écrivait en 1938 : « Vaincu, un peuple par une volonté persévérante transformer une défaite en victoire. » L'important était le redressement moral.

Pétain n'avait pas lu *Mein Kampf* et il ne réalisait pas le danger du nazisme. Il notait ainsi en septembre 1940:

« L'idée nationale-socialiste de la primauté du travail par rapport à la fiction des signes monétaires, nous avons d'autant moins de peine à l'accepter qu'elle fait partie de notre héritage classique... Ainsi, en nous retrouvant nous-même, nous pourrions articuler notre pensée et notre action à celles qui présideront demain à la réorganisation du monde. »

Les Allemands, tels qu'il les avait connus à Verdun, étaient des adversaires loyaux avec lesquels il jugeait possible de s'entendre, et cela d'autant plus qu'il n'avait aucune confiance dans les Anglais.

Le Maréchal excluait toute idée de collaboration militaire. Il respecterait l'armistice quelle que fût l'évolution du conflit. Il négocierait pour l'amélioration des clauses les plus rigoureuses. Il écartait la tentation de jouer un double jeu car, pour protéger les Français, il lui fallait donner au vainqueur des gages de sa loyauté.

Or cette collaboration que l'on envisageait à Vichy avec des nuances et à des degrés différents, les Allemands n'en voulaient pas.

Et d'abord Hitler. Pour lui la situation est claire. La France reste « l'ennemi mortel, l'ennemi impitoyable du peuple allemand ». Elle a perdu la guerre et doit être châtiée durement. Mais le moment n'est pas venu de révéler les conditions de paix. Il faut notamment dissuader Mussolini d'exiger dans l'immédiat la satisfaction de ses revendications.

Pour l'instant, la France doit être neutralisée. Il y a intérêt à ce qu'elle conserve sa flotte hors de portée des Anglais et qu'elle assure elle-même la défense de son empire. La convention d'armistice est un bon cadre et il ne peut être accordé éventuellement que des concessions de détail. Il faut tirer parti des ressources françaises, mais il ne saurait être question d'un appui militaire quelconque. La France est et restera un vaincu.

D'ailleurs, il n'y a pas lieu de faire confiance aux dirigeants français, Pétain, Laval ou d'autres. Ribbentrop précisera à Mussolini en mai 1941 : « L'idée du Führer est de se faire donner par les Français le maximum de facilités, mais sans s'engager d'une façon quelconque à leur égard. »

Les autres dirigeants nazis étaient tout aussi hostiles. Ribbentrop indiquait à ses services le 17 août 1940 : « L'intérêt du Reich exige d'une part le maintien de la France dans un état de faiblesse intérieure et d'autre part son éloignement des puissances étrangères ennemies du Reich. Tout doit être entrepris du côté allemand pour amener la désunion intérieure et l'affaiblissement de la France. »

Gœring, responsable du plan de quatre ans, était pour une exploitation brutale. Il devait dire en 1942 : « Que les Français livrent tout ce qu'ils peuvent jusqu'à ce qu'ils n'en puissent plus : s'ils le font volontairement, je dirai que je collabore; s'ils bouffent tout eux-mêmes, alors ils ne collaborent pas. »

Les militaires ont pu être tentés au début par une utilisation des forces françaises contre les Anglais. Ce fut le cas pour l'amiral Raeder ou le général Warlimont.

Mais les responsables de la Wehrmacht, Keitel, Jodl, Halder, y étaient opposés. Halder déclarait : « Il ne faut jamais oublier que le Français profite de toutes les occasions pour résister et qu'il est loin d'avoir abandonné l'espoir de modifier sa condition. »

Reste bien sûr Otto Abetz. Il a désiré sans doute cette collaboration franco-allemande à laquelle il travaillait de longue date. Mais nous savons par ailleurs qu'il était favorable à des conditions de paix sévères qui auraient fait de la France un pays vassalisé, « un jardin et un lieu de plaisir ».

Dans ces conditions la collaboration, quémandée par les Français, ne pouvait être qu'un dialogue de sourds.

CHAPITRE III

LES DÉBUTS DE LA COLLABORATION

Juin 1940 - juin 1941

La poursuite de la guerre en raison de la résistance anglaise aggravait la situation créée par l'armistice. Le gouvernement de Vichy, désireux d'améliorer le sort des Français, était tenté de s'engager dans une collaboration politique.

I. — La collaboration d'Etat

1. **Le désarroi du pays.** — L'armistice ne tarde pas à se révéler désastreux. Le pays est divisé en tronçons séparés. Avec les réquisitions de l'armée, les frais d'occupation, la ligne de démarcation, les Allemands sont les maîtres de la vie économique. Les liaisons avec l'Afrique du Nord et l'Empire sont interrompues.

Au même moment l'Angleterre s'inquiète du sort de la flotte française. Dès le 16 juin elle a demandé qu'elle rejoigne les ports anglais. Malgré les assurances françaises le gouvernement britannique décide de passer à l'action. C'est l'agression contre la flotte française au mouillage à Mers-el-Kébir le 3 juillet, qui fait 1 300 victimes et marque la rupture entre les deux anciens alliés.

Il en résulte à Vichy une vive hostilité contre les Anglais. On leur reproche d'avoir entraîné la France dans la guerre, de l'avoir insuffisamment aidée, de convoiter maintenant sa flotte et son empire.

La dissidence de l'Afrique équatoriale, le soutien donné par Londres au général de Gaulle, le renforcement du blocus maritime accentuent la tension.

Le gouvernement de Vichy, qui se sent isolé et à la merci du vainqueur, pense à offrir son appui contre une réduction des charges de l'armistice.

Dès le 4 juillet Laval a envisagé un renversement des alliances, mais Pétain s'y est opposé. Lorsque Hitler le 15 juillet réclame des bases en Afrique du Nord où il redoute une attaque anglaise, Pétain s'en tient à l'armistice et refuse. Mais il ajoute : « J'ai le désir sincère qu'après tant de dissentiments nos pays parviennent à mieux se comprendre. »

2. **Les initiatives françaises.** — Le dialogue ne peut être limité à la Commission de Wiesbaden où le général Huntziger défend les intérêts français. Aussi au cours de l'été le gouvernement de Vichy recherche un contact politique avec les Allemands.

Le ministre des Affaires étrangères Baudouin fait savoir, par l'intermédiaire de Madrid, qu'il souhaiterait rencontrer Ribbentrop. Flandin, Bonnet, Marquet, font aussi des ouvertures. Laval les devance tous. Il obtient par son ami Fontenoy de rencontrer Abetz le 19 juillet. Les deux hommes se mettent d'accord pour une négociation d'ensemble. Laval promet « d'entraîner le peuple français aux côtés de l'Allemagne ».

Mais, à l'exception d'Abetz, les Allemands accueillent froidement ces avances. Ribbentrop estime que « la France doit supporter les conséquences de la guerre ».

Pétain désire rencontrer Hitler. Il charge l'aviateur Fonck de le faire savoir à Gœring. Il confie le même message au député Scapini qu'il envoie en mission auprès des prisonniers de guerre. Celui-ci propose dès le 27 septembre la relève des prisonniers par des travailleurs français.

Le gouvernement de Vichy se déclare prêt à reprendre les possessions d'Afrique passées à la dissidence, à fournir à l'Allemagne des produits coloniaux, à faciliter des commandes de guerre aux industries de la zone libre. C'est donc bien la France qui sollicite la collaboration.

3. **L'entrevue de Montoire.** — Brusquement les ouvertures françaises trouvent un écho. Hitler est surpris favorablement par la résistance française à l'attaque anglo-gaulliste sur Dakar (23 septembre). Après l'échec de la bataille d'Angleterre il est résolu à attaquer l'URSS. Pour cela il a besoin de stabiliser la situation à l'ouest et d'assurer ses arrières en Méditerranée avec l'appui de Mussolini et de Franco. La France l'intéresse dans la mesure où elle est prête à défendre ses territoires contre les Anglais. Abetz se réjouit que le Führer veuille « attacher la France au wagon de l'Allemagne ».

Le 11 octobre, dans un message aux Français qui est un appel aux dirigeants du Reich, Pétain se déclare prêt à « la collaboration dans tous les domaines ». Il évoque « les rapports franco-allemands si légèrement traités dans le passé » et il conclut : « En présence d'un vainqueur qui aura su dominer sa victoire, nous saurons dominer notre défaite ».

Hitler, en route vers la frontière espagnole, rencontre d'abord Laval à Montoire le 22 octobre, puis à son retour, dans la même petite ville, le 24, il accueille Pétain. L'entrevue, qui n'a donné lieu à aucun communiqué officiel, se limite à un échange de vues très général. Hitler n'a rien promis. Par contre, la poignée de main entre le Führer et le Maréchal a été largement diffusée par la propagande allemande. Les collaborateurs mettent tout leur espoir dans ce qu'ils appellent « l'esprit de Montoire ».

Pétain juge nécessaire de s'expliquer le 30 octobre :

> « C'est, dit-il, librement que je me suis rendu à l'invitation du Führer... Une collaboration a été envisagée entre nos deux pays. J'en ai accepté le principe... C'est dans l'honneur et pour maintenir l'unité française, une unité de dix siècles, dans le cadre d'une activité constructive du nouvel ordre européen, que j'entre aujourd'hui dans la voie de la collaboration. »

Pétain précise alors ce qu'il attend de cet engagement de la France : l'amélioration du sort des prisonniers, l'atténuation des frais d'occupation, l'assouplissement de la ligne de démarcation. Il ajoute :

> « Cette politique est la mienne. Les ministres ne seront responsables que devant moi. C'est moi seul que l'Histoire jugera. Je vous ai tenu jusqu'ici le langage d'un père : je vous tiens aujourd'hui le langage d'un chef. »

4. **Les conséquences de Montoire.** — Le choix politique d'une collaboration avec l'occupant rend d'abord plus tendues les relations franco-anglaises. Vichy a en effet gardé des contacts avec Londres pour tenter d'obtenir une atténuation du blocus. Le Pr Rougier, chargé de mission par Pétain, est accueilli fraîchement par Churchill. Le roi Georges VI adresse au Maréchal un pressant appel : « Je suis certain que vous rejetterez les propositions qui déshonoreraient la France et causeraient un grave préjudice à un ancien allié ». Pétain répond sèchement.

Les pourparlers continuent cependant entre Jacques Chevallier, ministre de Pétain, et lord Halifax par l'intermédiaire d'un diplomate canadien, Pierre Dupuy. Le blocus anglais se relâche quelque peu sur l'insistance des Etats-Unis.

Roosevelt en effet a réagi au moment de Montoire, mais Pétain lui a donné l'assurance que le gouvernement français ne livrerait jamais sa flotte aux Allemands. Le Président américain envoie alors son ami, l'amiral Leahy, comme ambassadeur à Vichy.

Ces liens avec les Anglo-Saxons ont pu laisser penser que Pétain jouait double jeu, et on l'a cru à l'époque. En fait il n'en est rien. S'il est vrai que Pétain, dans une lettre à Weygand le 9 novembre, a écarté toute idée d'agression contre l'Angleterre, il n'a pas répondu aux invites pressantes de Churchill qui lui demandait de faire rentrer l'Empire dans la guerre. Pétain s'en tenait à une stricte neutralité.

Mais la collaboration incitait à s'avancer plus avant aux côtés des vainqueurs. Bouthillier constatait le 23 octobre : « Jusqu'à présent l'Allemagne ne nous a pas encore donné le moindre indice d'une volonté de collaboration. » La situation allait-elle évoluer après Montoire? Laval, nommé ministre des Affaires étrangères, le crut.

Il multiplia les concessions, acceptant un accord de compensation draconien, livrant l'or belge et les participations dans les mines de cuivre yougoslaves, facilitant la fabrication d'avions pour l'Allemagne en zone Sud.

Il en attendait, dit-il à Gœring, des résultats « qui frappent l'œil ». Pour commencer la France suspendit le paiement de l'indemnité. Mais Hitler n'était guère disposé aux concessions. Il avait prévenu Mussolini le 28 octobre que leur intérêt commun était pour l'instant de ménager la France, mais qu'elle ne saurait être en aucun cas une associée dans la guerre.

Laval, assisté de Darlan et d'Huntziger, discuta cependant avec le général Warlimont d'un projet pour la reconquête du Tchad passé à la dissidence. Ces entretiens (31 octobre, 9 novembre, 29 novembre, 10 décembre) réjouirent Abetz qui parla de « l'unification du continent contre l'Angleterre ». Mais les Allemands s'opposèrent à cette collaboration militaire.

Hemmen, qui ne songeait nullement à atténuer l'exploitation rigoureuse de la France, précisa le 21 novembre : « Ce ne peut être qu'une collaboration à l'intérieur de l'ordre économique allemand ».

L'Allemagne concéda fort peu. Elle admit seulement que la France fût la nation protectrice de ses propres prisonniers et elle en libéra 50 000. Mais en même temps elle exigeait la reprise des paiements le 16 décembre, elle expulsait 150 000 Alsaciens-Lorrains, elle s'opposait au retour du gouvernement en zone Nord. Bien plus, le 10 décembre, Hitler signait la directive *Attila* qui prévoyait l'invasion de la zone Sud. L'armistice ne serait respecté que dans la mesure où il servirait les intérêts allemands. De toute évidence la collaboration s'engageait mal.

5. **Le renvoi de Laval.** — Une affaire de politique intérieure allait tout compliquer. Le 13 décembre Laval était contraint de remettre sa démission et Pétain le faisait garder à vue dans sa résidence de Chateldon. Au même moment Déat, un des leaders de la collaboration, était arrêté à Paris par la police française. Les autorités d'occupation exigèrent la libération des deux hommes, la nomination de Fernand de Brinon comme délégué général du gouvernement français à Paris, le renvoi de ministres hostiles à Laval (Alibert, Vallat). Abetz, qui s'était rendu à Vichy avec une

escorte armée, n'obtint pas du Maréchal qu'il reprît Laval et celui-ci regagna Paris avec les Allemands.

L'affaire fit grand bruit. On crut généralement que le renvoi de Laval était un coup d'arrêt porté à la collaboration. Après la guerre les défenseurs de Pétain ont accrédité l'idée que Pétain avait renvoyé Laval parce qu'il s'était trop engagé aux côtés des Allemands et qu'il risquait de conduire à un conflit franco-anglais.

En réalité Laval a toujours dit qu'il avait eu l'appui de Pétain et des autres ministres pour mener les négociations de Paris. Pétain s'est d'ailleurs empressé de faire savoir aux Allemands que le renvoi de Laval ne changeait rien à la politique extérieure de la France.

Pétain avait fait de Laval son successeur désigné dès le 12 juillet et il l'avait chargé de négocier avec les Allemands par-dessus la tête de Baudouin. Il l'avait suivi à Montoire avec une certaine satisfaction. Maintenant il lui en voulait de ne pas le tenir suffisamment informé. Chef de l'Etat, très jaloux de son pouvoir, le Maréchal redoutait les intrigues de Laval. Il n'aimait pas l'homme, son passé de politicien, ses brusqueries et ses roublardises, ses liens avec les collaborateurs parisiens qui, tel Déat, attaquaient violemment la Révolution nationale.

Dans l'entourage de Pétain, Baudouin, Bouthillier, Peyrouton, Alibert, du Moulin, persuadèrent aisément le Maréchal de se séparer de Laval, qui n'avait d'ailleurs rien obtenu des Allemands, et de le remplacer par Flandin, munichois, tout aussi attaché à la collaboration, mais conservateur bon teint.

Les Allemands, à l'exception d'Abetz, ne manifestèrent guère d'émotion. Hitler se souciait peu de Laval. Il venait de faire un geste en accordant le retour des cendres de l'Aiglon aux Invalides (15 décembre) et la cérémonie fut gâchée. Il fut conforté dans son idée qu'il n'y avait aucune confiance à faire à la France.

D'ailleurs il avait d'autres préoccupations : le 18 décembre il signait la directive *Barbarossa* pour préparer la guerre à l'Est.

Les militaires, sur ordre de Keitel, appliquèrent rigoureusement les clauses de l'armistice et firent « grise mine » selon l'expression d'Halder, qui constatait le 16 janvier : « Nous ne sommes plus tenus à aucune obligation envers la France. » La ligne de démarcation fut fermée à tous, même aux ministres de Vichy. Les négociations de Scapini pour le retour des prisonniers furent rompues.

Flandin écrivit à de Brinon : « Le Maréchal est fermement décidé à poursuivre la politique de collaboration dont il est le partisan sincère. » Mais Abetz, qui prétendait intervenir dans la désignation du gouvernement, refusa tout contact avec lui. A sa demande, Pétain eut une explication avec Laval mais il refusa de le reprendre.

Flandin, qui ne put avoir d'entretien avec aucune personnalité allemande, ne tarda pas à démissionner (9 février).

Darlan eut plus de chance. Il était le chef reconnu d'une marine puissante et que l'on savait très hostile aux Anglais. Il avait la confiance du Maréchal. Il put donc rencontrer Hitler près de Beauvais le 25 décembre. Il fut très mal accueilli, mais il put renouveler les offres de collaboration de la France.

Le 10 février, l'Amiral devenait vice-président du Conseil, ministre des Affaires étrangères, de l'Information, de l'Intérieur, de la Marine, et successeur désigné du Maréchal à la place de Laval. C'est par lui que passait désormais toute relance de la collaboration.

6. Les Protocoles de Paris. — Darlan se faisait fort de réussir là où Laval avait échoué. Persuadé de la victoire allemande, il voulait faire de la France la « tête de pont atlantique de l'Europe », une alliée privilégiée du Reich qui aurait à jouer un grand rôle maritime et colonial.

Pour obtenir la faveur d'Hitler, il voulut durcir et épurer le régime de Vichy et le rapprocher des systèmes totalitaires. Il appela auprès de lui des amis de l'Allemagne comme Benoist-Méchin ou des technocrates résolus à préparer l'intégration de la France dans une économie européenne dominée par le Reich, des hommes comme Pucheu, Barnaud, Lehideux.

Darlan accéléra les préparatifs de reconquête de l'Afrique équatoriale, il tenta de forcer le blocus anglais au risque d'incidents graves, il orienta l'industrie de la zone libre vers une participation active à l'effort de guerre allemand. Pourtant, malgré les efforts de Benoist-Méchin et l'appui d'Abetz, il n'obtint pas la possibilité de discuter avec les dirigeants allemands ni d'atténuer le poids très lourd de l'occupation. Hitler ne s'intéressait pas alors à la Méditerranée mais bien aux Balkans, où l'avait entraîné l'attaque italienne contre la Grèce, et au front de l'Est qu'il était impatient d'ouvrir.

La situation évolua en avril 1941 à la suite des événements du Moyen-Orient. Un coup d'Etat antibritannique porta au pouvoir en Irak Rachid-Ali qui réclama l'aide de l'Axe contre les Anglais. Au même moment l'Afrika Korps de Rommel, après une série de succès, marquait le pas en Cyrénaïque. Les Français, par leurs possessions de Syrie et de Tunisie, étaient susceptibles de fournir une aide à l'Allemagne.

Darlan, sautant sur l'occasion, offrit des facilités

aux armées allemandes et, rencontrant Hitler à Berchtesgaden le 11 mai, il proposa une participation militaire de la France en échange de concessions politiques. Hitler était toujours aussi réticent : « La collaboration, dit-il, n'est pas une fin en soi », mais il laissa s'engager des pourparlers à Paris entre Darlan et le général Warlimont (21 mai).

Pétain approuvait l'Amiral et dès le 14 mai il disait aux Français :

« Il s'agit pour vous de me suivre sans arrière-pensée sur les chemins de l'honneur et de l'intérêt national. Si dans l'étroite discipline de notre esprit public, nous savons mener à bien les négociations en cours, la France pourra surmonter sa défaite et conserver dans le monde son rang de puissance européenne et coloniale. »

Le 28 mai étaient paraphés les Protocoles de Paris. Ils comprenaient l'octroi par Vichy de facilités aux Allemands en Syrie, en Tunisie (Bizerte), en AOF (Dakar), et un protocole complémentaire, plus politique, que Darlan avait fait ajouter au dernier moment et qui précisait :

« Le gouvernement allemand fournira au gouvernement français, par voie de concessions politiques et économiques, les moyens de justifier devant l'opinion publique de son pays l'éventualité d'un conflit armé avec l'Angleterre et les Etats-Unis. »

Les militaires allemands, qui appréciaient l'appui des bases françaises pour la poursuite des combats, parlèrent d'une « ère nouvelle ». Des satisfactions furent accordées : réduction des frais d'occupation de 400 à 300 millions de francs par jour, réarmement de navires de guerre, libération de 90 000 prisonniers. Darlan pouvait se vanter d'avoir obtenu plus que Laval. Mais il risquait d'entraîner la France dans la guerre aux côtés des Allemands.

L'affaire tourna court. Weygand s'était engagé auprès du représentant américain Murphy à ne tolérer aucune mainmise de l'Axe sur l'Afrique du Nord. Il accourut à Vichy, et soutenu par le gouverneur de l'AOF Boisson, il fit surseoir le 6 juin à la ratification des Protocoles.

Pétain avait montré au cours de ces semaines tendues qu'il flottait au gré des influences qui s'exerçaient sur lui. Le 11 avril il déclarait : « L'honneur nous commande de ne rien entreprendre contre nos anciens alliés. » Mais le 14 mai, il donnait son appui à Darlan engagé sur la voie de la collaboration militaire.

L'accord avait ainsi reçu un commencement d'exécution en Tunisie, par où transitait du matériel destiné à Rommel, et en Syrie où avaient atterri des avions allemands. La guerre de Syrie (8 juin - 14 juillet), nouvel épisode de « la guerre franco-française », sortit de ces imprudences. Les forces anglo-gaullistes attaquèrent les troupes du général Dentz, fidèles au Maréchal, et les contraignirent à capituler. Il en résulta une hostilité plus grande encore des gens de Vichy à l'égard de la dissidence.

Au cours des hostilités une intervention de l'aviation allemande fut envisagée. En outre Darlan sollicita l'autorisation d'envoyer au Moyen-Orient une partie de la flotte de guerre française. Ce sont les Allemands qui s'y opposèrent.

L'invasion de l'URSS le 21 juin détourna Hitler de la Méditerranée. Darlan avait risqué le pire et sans profit. Au moment où il cherchait à se dégager des Protocoles de Paris, ceux-ci étaient déjà lettre morte. La France n'intéressait plus les Allemands. On en revenait au point de départ, à l'armistice.

II. — La collaboration parisienne

1. **L'influence allemande.** — La collaboration à Paris et en zone Nord s'organise au contact direct de l'occupant. Elle répond aux vœux de la propagande allemande.

Dès le 18 juillet 1940 la Propaganda Abteilung s'installe à Paris. Elle dépend du Commandement militaire, mais reçoit ses directives du Dr Gœbbels. Avec ses services centraux et régionaux, la Propaganda se charge de la censure, elle contrôle la presse, la radio, le film, elle diffuse les mots d'ordre du Reich. Elle n'oublie pas qu'elle a affaire à un pays vaincu qu'il faut traiter sans ménagement. « Le résultat de notre lutte victorieuse, précise Gœbbels, sera de briser la prépondérance culturelle française. »

L'ambassade de la rue de Lille a une autre orientation qu'elle doit à Otto Abetz. Celui-ci, d'abord simple représentant de Ribbentrop auprès des militaires, a été nommé ambassadeur le 3 août 1940. Ceux qui l'entourent ont, à des degrés divers, milité avant la guerre pour le rapprochement franco-allemand, Schleier, Rahn, Achenbach, Bremer, le Dr Epting qui dirige l'Institut allemand, le Pr Grimm, l'écrivain Sieburg.

L'ambassade organise des réceptions où elle convie le Tout-Paris. L'Institut publie des *Cahiers*, organise des cours de langue allemande, diffuse le livre allemand. En liaison avec le groupe Collaboration, présidé par Alphonse de Chateaubriant, il multiplie les conférences à Paris et en province.

Les échanges culturels prennent ainsi une dimension politique : le Schillertheater est accueilli à la Comédie-Française en mars 1941, Herbert von Karajan à l'Opéra en mai pour *Tristan et Yzeut*. Des concerts publics diffusent la musique allemande. Une grande exposition sur « la France européenne » est inaugurée en mai 1941, en présence des autorités allemandes, par Laval et de Brinon.

Le cinéma projette les actualités et des films allemands, qui vont de la comédie musicale anodine au pamphlet du *Juif Süss*. Quant à la radio, elle exalte les victoires du Reich, elle répercute fidèlement les attaques allemandes contre les Anglais et les Juifs, mais aussi contre le régime de Vichy jugé insuffisamment favorable à l'ordre nouveau.

L'influence allemande touche de nombreuses pernalités de l'administration, des affaires, de la presse ou du spectacle. « Les relations de M. Achenbach, constate de Brinon, vont de ce député à demi-fou qui se dit Maître du Feu jusqu'à Roussy, recteur de l'Université de Paris. »

Abetz, partisan sincère de la collaboration, déploie une grande activité. Il est tenté de mener une politique personnelle, au risque d'être désavoué par Ribbentrop qui se méfie de la France. A l'égard de Vichy, dont il réprouve l'orientation conservatrice, Abetz a pris fait et cause pour Laval, ancien socialiste et pacifiste, au point d'intervenir directement lors de son renvoi. Il encourage ensuite Darlan à s'engager dans la voie d'une collaboration militaire dont Hitler ne veut pas.

A Paris, il s'intéresse à tout, suscitant la création de journaux, appuyant les divers groupements inspirés par le national-socialisme, en évitant toutefois qu'ils se rassemblent sous la direction d'un vrai chef, de là son hostilité à l'égard de Doriot.

A plusieurs reprises, pour faire pression sur Vichy,

il laisse peser la menace d'un gouvernement de rechange constitué en zone Nord avec des collaborateurs dociles.

Mais si Abetz est une personnalité en vue dans ce Paris de l'occupation, que Céline désigne comme « le Royaume d'Otto Ier », il est en fait un isolé dont les sympathies pour la France paraissent suspectes en haut lieu.

2. La presse parisienne. — La presse française a été profondément bouleversée par les événements de l'été 1940. La plupart des journaux se sont repliés en zone Sud où ils diffusent les mots d'ordre de la Révolution nationale. Il en est ainsi du *Figaro*, du *Journal*, de *l'Action française*, de *la Croix*, du *Temps*, comme des hebdomadaires *Candide* ou *Gringoire*.

A Paris, dès le 17 juin, paraît le premier journal de l'occupation, *la Victoire*, dont le directeur est Gustave Hervé.

Pendant que les services du Dr Gœbbels installent l'Agence allemande DNB et préparent la création d'une Agence française d'information et de presse, le commandement militaire charge le lieutenant Weber de distribuer les autorisations et de fournir le papier aux journalistes français disposés à obéir aux directives allemandes.

Dans un pays en plein désarroi la presse est appelée à jouer un rôle important. C'est ce que comprend Bunau-Varilla qui obtient de faire paraître *le Matin* également le 17 juin. Le grand journal du soir, *Paris-Soir*, dont le directeur Jean Prouvost s'est replié en zone Sud, reparaît le 22 juin par la volonté du lieutenant Weber. Celui-ci n'ayant trouvé au journal qu'un garçon d'ascenseur en a fait un directeur. Le fait de retrouver leur *Paris-Soir*, qui tirait en 1939 à 2 millions d'exemplaires, réconforte les Parisiens.

Abetz, soucieux de gagner les travailleurs à la collaboration, souhaite un grand journal de gauche. Ce pourrait être *l'Humanité*, puisque trois militants du parti communiste ont demandé au lieutenant Weber, qui a d'abord accepté, de faire reparaître le quotidien du PCF. Mais, à la demande des autorités françaises, l'autorisation a été rapportée. *L'Humanité* clandestine n'en rappelle pas moins son opposition à la guerre et sa satisfaction de voir les travailleurs français fraterniser avec les soldats allemands.

Abetz facilite alors les débuts de *la France au travail*, où Oltramare (dit Dieudonné), Coston puis Fontenoy diffusent les thèmes nazis. Il montre plus d'audace en confiant à Henri Jeanson la tâche de créer un grand quotidien, *Aujourd'hui*, qui paraît le 10 septembre avec une équipe brillante où on trouve Marcel Aymé. Jean Anouilh, Léon-Paul Fargue, Galtier-Boissière, Félicien Challaye, Georges Auric, Marcel Carné. Mais Jeanson a la dent dure, il attaque Déat, il n'apprécie pas l'esprit de Montoire et il se retrouve en prison. Il a pour successeur Georges Suarez, le biographe de Briand.

Le journal de gauche attendu, c'est l'*Œuvre* que Marcel Déat, retour de Vichy, fait reparaître le 21 septembre. Avec Déat et André Guérin, l'équipe comprend Albertini, Spinasse, ancien ministre de Blum, Zevaës, disciple de Jules Guesde. L'orientation républicaine est marquée comme aussi l'admiration pour un socialisme musclé.

Les lecteurs retrouvent bientôt un autre titre connu : *le Petit Parisien*, que les frères Dupuy relancent le 8 octobre à 700 000 exemplaires. On y trouve des articles de Colette, La Varende, Sacha Guitry. Mais au début de 1941 le ton change avec la venue des collaborateurs de *Je suis partout*, comme Brasillach, Jeantet, Rebatet, Alain Laubreaux, Georges Blond. Au même moment *Paris-Soir* passe aussi résolument au fascisme avec Cousteau et Pemjean.

Les journaux sont évidemment soumis à la censure allemande. Ils reçoivent des consignes du groupe de presse du tout-puissant Dr Eich, des articles traduits de journaux allemands à insérer, des notes ou dépêches de l'Agence française du lieutenant Hermès ou de la très active Agence Inter France de Dominique Sordet, liée à l'Agence allemande Transocéan.

Abetz et Weber réussissent un coup de maître en permettant à Jean Luchaire de lancer *les Nouveaux Temps* en novembre 1940. Le titre, choisi à dessein, rappelle *le Temps*, journal sérieux replié à Lyon, l'équipe est brillante avec des parlementaires de sensibilité radicale, des écrivains comme Henri Troyat, Bertrand de Jouvenel, Fabre-Luce, Abel Hermant, Marcel Aymé, Mac Orlan, Audiberti, qui peu à peu se retireront. Le rédacteur politique est un ami de longue date de Luchaire, Guy Crouzet, très lié également à Abetz.

Le poids de Jean Luchaire dans la presse parisienne est encore accru par sa nomination à la tête de la Corporation nationale de la Presse française. Ce poste lui permet, par le biais de gérants imposés, de rançonner les autres journaux. Il y gagne ainsi l'hostilité de ses confrères.

Mais Luchaire n'en a cure. Il est le type même de ces « Nouveaux Messieurs » au service de l'occupant, qui mènent grande vie et défraient la chronique.

Doriot, par contre, constate ce qu'il en coûte de

déplaire à Abetz. Son journal, *l'Emancipation nationale*, qui paraît en zone Sud, n'a pas été autorisé à franchir la ligne. Il lance alors, le 19 octobre, *le Cri du peuple*, avec des articles de Benoist-Méchin, Abel Bonnard, Drieu La Rochelle. Mais assez vite l'équipe autour de Doriot se réduit aux seuls militants PPF que sont Henri Lèbre, Hérold-Paquis, Yvan-Sicard.

A côté des quotidiens les hebdomadaires sont nombreux. Certains sont fantaisistes comme *la Tempête*, organe du Feu qui sauvera la France, selon son inspirateur le député illuminé Delaunay. D'autres ne sont que l'organe de petits groupements fascistes : *le Réveil du Peuple* de Jean Boissel, *le Pays libre* de Pierre Clémenti, *l'Appel* de Pierre Costantini, *le Franciste* de Marcel Bucard.

La Gerbe, qui paraît dès le 11 juillet, est dirigée par Alphonse de Chateaubriant, qui a reconnu en Hitler « l'envoyé de Dieu ». Il s'est entouré d'écrivains comme Jean Anouilh, Ramon Fernandez, Stève Passeur, sous la houlette d'un bon rédacteur en chef, un ami de Doriot, Camille Féguy.

Au Pilori, né au même moment, « hebdomadaire de combat contre la judéo-maçonnerie », est animé par Lestandi. Des articles de Pemjean et Courtine y côtoient des injures grossières, notamment contre les Juifs, et des appels à la violence.

Par contre *l'Illustration*, qui reparaît le 17 août, a conservé son aspect traditionnel. Mais l'éditorialiste Jacques de Lesdain a été imposé par les Allemands et ses articles comme ceux de Robert de Beauplan ou de Georges Suarez font l'éloge de l'ordre nouveau.

Je suis partout reparaît le 7 février 1941 et c'est un événement. Avant la guerre il était anti-républicain, antisémite, favorable aux régimes totalitaires, mais encore marqué par l'influence de Maurras. Désormais, sans Gaxotte ni Thierry Maulnier, mais avec Brasillach, Rebatet, Laubreaux, Cousteau, Jantet, Lesca, il se veut résolument fasciste.

Il n'en touche pas moins un large public qui, sans partager toutes ses idées, apprécie ce journal bien écrit, largement ouvert sur la vie parisienne. On y trouve des textes de Marcel Aymé, Jean Anouilh, Marcel Jouhandeau, Georges Blond. On goûte les articles de Brasillach ou de Drieu La Rochelle, la critique théâtrale d'Alain Laubreaux, les commentaires de films de Rebatet et les dessins féroces de Ralph Soupault.

La gauche dispose d'un hebdomadaire plus modeste, *l'Atelier*, né en décembre 1940, où écrivent des syndicalistes comme Lafaye, Dumoulin, Vigne, et Lapierre.

3. **Les thèmes de la collaboration.** — Alors que la presse de la zone Sud diffuse jusqu'à la satiété le culte du Maréchal et l'idéologie moralisante de la Révolution nationale, les journaux de la zone occupée, quelles que soient les nuances de style, montrent beaucoup plus d'agressivité.

Ils insistent comme à Vichy sur la décadence française, les méfaits de la République, le poids de la défaite, mais surtout ils exigent la prompte punition des coupables, Daladier, Herriot, Reynaud, Mandel, Jean Zay et Léon Blum particulièrement détesté. « Ce serait un défi à la conscience française que de laisser impuni le crime de guerre et de défaite » écrit *le Franciste* en juin 1941.

Les idées-forces des ligues reparaissent, et d'abord l'antiparlementarisme. Brasillach constate : « La République est crevée, qu'on le veuille ou non » (*Je suis partout*, 16 juin 1941). Déat, par contre, ancien parlementaire comme Laval, tente de défendre l'idée d'une République rénovée.

L'antisémitisme, stimulé par l'exemple hitlérien, s'exprime avec une particulière violence. On applaudit aux mesures prises contre les Juifs tant à Vichy qu'à Paris dès octobre 1940 et à leur aggravation au printemps 1941. Céline exige dans *la Gerbe* un véritable statut d'exclusion. Doriot affirme : « Leur esprit raciste nous a conduit à la guerre » et *Au Pilori* (14 mars 1941) : « Le Juif n'est pas un homme. C'est une bête puante ».

L'hostilité à la franc-maçonnerie est également de règle (1). On réclame la publication des listes des loges tout en parlant de « judéo-maçons ». Par contre l'anticommunisme est mis en sourdine en raison de l'accord germano-russe.

La presse parisienne réagit aux décisions de Vichy. D'abord mal informée sur l'entrevue de Montoire, elle salue la poignée de main historique, « ce serrement qui est un serment ».

Après le message de Pétain le 30 octobre, Luchaire note : « Les Français savent ce que leur chef a décidé : notre pays accepte d'entrer dans la voie étroite d'une collaboration avec l'Allemagne. Aucun retour en arrière n'est plus possible. Aucun double jeu n'est plus tolérable. » Pour Déat, c'est « l'aube d'une ère nouvelle », pour Doriot « les perspectives d'une reconstruction de l'Europe ».

Mais Paris ne tarde pas à critiquer l'entourage du

(1) A la suite de la loi du 13 avril 1940, les loges sont dissoutes. En février 1941 les noms de 14 600 maçons sont publiés au *Journal officiel*. Les dossiers de la FM sont publiés par Bernard Fay et Robert Vallery-Radot. La FM a eu 549 fusillés et 989 déportés.

chef de l'Etat, « ces intrigants sans mandat » que l'on accuse d'être « revanchards et anglophiles ». Déat écrit dans *l'Œuvre* le 2 décembre : « Monsieur le Maréchal, il faut les chasser. »

Or, le 13 c'est Laval qu'on chasse et qu'on arrête, ainsi d'ailleurs que Déat. L'émotion est vive. On dénonce « les maléfices de Vichy ». Déat salue en Laval « le seul garant de la politique de collaboration ». Doriot, par contre, qui se veut « l'homme du Maréchal » et qui n'aime pas Laval, appelle au calme : « En face des partis et des sectes de traîtres, dit-il, il faut dresser le barrage des partisans du Maréchal. »

La presse revient sans cesse sur la collaboration, comme pour vaincre les réticences de l'opinion. Elle est pour Alphonse de Chateaubriant « adhésion totale », pour Drieu « garantie de vie », pour d'autres « respect des traditions ».

Elle s'inscrit, affirme-t-on, dans notre histoire à la suite de Charlemagne qui unit les Francs et les Germains, de Jeanne d'Arc qui bouta les Anglais hors de France, de Napoléon que le Führer admire au point de permettre le retour aux Invalides des cendres de l'Aiglon, de Péguy attaché à la tradition, de Jaurès défenseur de la paix et du rapprochement franco-allemand.

Ainsi, la presse parisienne, dans la première année de l'occupation, défend la collaboration mais demeure encore réservée à l'égard de l'hitlérisme.

4. **Les groupements politiques.** — Les partis sont rendus responsables de la défaite de 1940. Laval, dès son arrivée à Vichy le 1er juillet, affirme qu'ils doivent disparaître. Déat écrit le 8 : « Les partis sont morts... Il nous faut un parti unique qui, à côté de l'Etat et du

gouvernement, encadre, anime, soutienne l'action. »
C'est aussi le sens d'un appel que signent Bergery, des députés pacifistes (Chateau, Rives), des syndicalistes (Delmas).

Ainsi, le parti unique est dans l'air. Déat en prépare le programme. Des contacts sont pris avec des hommes de droite, La Rocque, Vallat, Goy. Mais l'affaire n'aboutit pas. Pétain est réticent, d'autant que son entourage maurrassien l'a prévenu contre Déat. Doriot de son côté fait peur. Laval se montre très réservé, car Abetz qu'il a vu le 19 juillet lui a déconseillé l'opération.

La constitution de la Légion des combattants (29 août), simple association de soutien, marque le renoncement au parti unique. Déat, déçu et amer, rentre à Paris le 13 septembre, emportant *l'Œuvre*, qui dès lors lance de vives attaques contre Vichy.

A Paris se retrouvent les chefs des ligues qui se réclament d'un passé de luttes contre la République. Jean Boissel ranime le Front franc, Pierre Clementi le Parti français national-collectiviste, Marcel Bucard le Francisme.

De nombreux groupements surgissent comme le Front de la Jeunesse de Marc Augier ou le Jeune Front de Robert Hersant.

Pierre Costantini, officier aviateur, qui a déclaré personnellement la guerre à l'Angleterre après Mers-el-Kébir, crée en mars 1941 la Ligue française d'épuration, d'entraide sociale et de collaboration européenne avec un hebdomadaire, *l'Appel*, et des sections à Paris et à Dijon.

Eugène Deloncle, un des animateurs de la Cagoule, fonde à la fin de 1940 le Mouvement social révolutionnaire (MSR : « Aime et sers »). Il y retrouve ses fidèles, Filliol et Fontenoy.

Au début de 1941 il est souvent question de réunir les diverses formations. « Nous pensons qu'il est urgent que les partisans de la nouvelle politique se regroupent », écrit Doriot dans *le Cri du Peuple.* Doriot a pensé dès juillet 1940 que cette union devait se faire autour de lui et de son parti, le Parti populaire français. Dans cet esprit, il se voulait « l'homme du Maréchal ».

Mais à Vichy on se méfiait de lui. Il regagna donc Paris, où Abetz, qui jouait la carte Laval-Déat, ne lui facilita pas la tâche. Le PPF fut tout juste toléré en zone Nord.

Doriot demeura fidèle à Pétain, d'autant qu'il espérait beaucoup de la politique de collaboration engagée à Montoire. Il fonda ainsi le Rassemblement pour la Révolution nationale, qui groupa des ligueurs comme Charles Trochu, et surtout d'anciens communistes qui avaient rompu avec Moscou, tels Gitton, Capron, Clamamus, Nédelec.

Mais Doriot était en position fausse tant à l'égard de l'occupant que de Vichy. Il connaissait l'hostilité d'Abetz et, au moment du 13 décembre, il se cacha, persuadé que les Allemands allaient l'arrêter. Il constatait l'écart grandissant entre ses idées et celles de Vichy où l'ordre nouveau n'était qu'un retour à l'ordre moral. Certes, on le ménageait, on subventionnait ses journaux, on le nommait au Conseil national, mais on le redoutait.

Avec l'arrivée au pouvoir de Darlan, sa position fut encore plus difficile. Pucheu, en interdisant tous les partis, visera spécialement le PPF. Au printemps 1941, Doriot rompit avec Vichy, tout en respectant le Maréchal, et il s'engagea à fond dans la collaboration.

Pendant ce temps le PPF ne réussissait pas à redevenir

le grand parti qu'il avait été avant-guerre, et cela bien qu'il eût des militants dans les deux zones. Ses congrès certes faisaient salle comble, celui de zone Nord le 25 mai, celui de zone Sud le 22 juin, mais les effectifs du parti ne dépassaient pas 10 000 adhérents, dont 2 700 dans la région parisienne.

Déat avait mieux réussi. Après le 13 décembre sa campagne pour le retour de Laval lui avait valu l'appui d'Abetz. Le 15 février 1941 il pouvait annoncer dans une grande réunion publique la naissance du Rassemblement national populaire.

Le RNP groupait avec Déat des hommes de gauche dans la tradition autoritaire et nationaliste des néos (Lafaye, Montagnon, Chateau, Albertini) et des militants des ligues, Goy, Fontenoy, Vanor et Deloncle du MSR.

Le mouvement suscitait de l'intérêt comme en témoigne l'affluence aux meetings où est exaltée l'Europe nouvelle. « Vite et fort pour la collaboration et la révolution », tel est le mot d'ordre lancé par Fontenoy.

Le premier congrès à la Mutualité en juin 1941 groupe 2 500 délégués représentant, à ce que l'on y prétend, 500 000 adhérents. La réalité est beaucoup plus modeste, 20 000 peut-être, mais c'est de toute façon plus que le PPF et Doriot en est ulcéré. Mais le RNP, trop hétérogène, alliant d'anciens communistes comme Barbé à des ex-cagoulards comme Filliol, sapé à la base par la rivalité entre Déat et Deloncle, allait éclater à l'été 1941.

Ainsi, alors qu'à Vichy les gouvernants choisissent la collaboration pour atténuer les exigences du vainqueur, les politiciens de Paris jouent à fond la carte allemande.

CHAPITRE IV

LES SOMMETS DE LA COLLABORATION
Juin 1941 - décembre 1942

La collaboration trouve un nouvel élan avec la guerre germano-soviétique. Darlan puis Laval tentent d'obtenir un sort meilleur pour la France en l'engageant plus avant aux côtés des Allemands.

Mais Hitler, absorbé par un conflit décisif, accroît ses exigences et refuse toute concession.

I. — Les déboires de Vichy

1. **L'échec de Darlan.** — Pour se dégager des Protocoles de Paris, Darlan a transmis à Abetz la liste des concessions qu'il juge indispensables. Il s'agit du rétablissement de la souveraineté française sur tout le territoire, de la suppression des frais d'occupation, de la libération des prisonniers.

Les Allemands, qui mènent la guerre à l'Est, n'attendent en fait de la France que l'observation stricte des conditions d'armistice. Notre représentant à Wiesbaden, le général Doyen, qui va passer à la Résistance, prévient Pétain le 16 juillet :

« Nous avons peu à attendre de l'Allemagne en contrepartie de nos efforts et de nos sacrifices. La mise en coupe réglée de la France occupée a montré qu'il n'y a pas de borne à ses revendications que la limite de nos possibilités. »

Quant à Ribbentrop, il a donné pour instruction à Abetz de n'engager avec la France « aucun pourparler concret ». La collaboration est au point mort.

Pétain est inquiet. Il se passionne pour la guerre à l'Est où l'Allemagne combat le bolchevisme. Mais le conflit prolonge un armistice rigoureux que l'occupant refuse d'assouplir. Le malaise grandit dans le pays. Le 12 août le chef de l'Etat constate :

« De plusieurs régions de France je sens se lever depuis quelques semaines un vent mauvais. L'inquiétude gagne les esprits, le doute s'empare des Français. »

Darlan veut affermir son autorité sur le gouvernement et sur l'armée pour relancer la collaboration. Pour cela il s'efforce d'obtenir de Pétain le rappel de Weygand dont se méfient Abetz et les Allemands. Ceux-ci exigent l'ouverture de consulats à Casablanca et à Alger et ils installent à Vichy un représentant, Krug von Nidda.

Pétain profite de l'anniversaire de Montoire pour écrire à Hitler le 20 octobre :

« La collaboration franco-allemande n'a sans doute pas donné tous les résultats qu'attendaient vos prévisions et mon espoir... Nos populations souffrent cruellement et nos prisonniers ne sont pas rentrés... La victoire de vos armes sur le bolchevisme offre plus encore qu'il y a un an à cette collaboration un motif de s'affirmer désormais en des œuvres pacifiques pour la grandeur d'une Europe transformée. »

Le Führer répond sèchement le 10 novembre. Il rappelle la dureté de l'occupation française en Allemagne après 1918, il exprime son indignation devant les attentats commis contre les soldats allemands (le premier date du 21 août), il formule l'espoir très vague que « la voie d'une collaboration sera trouvée ».

Peu après Pétain parle à Abetz d'un large plan de

paix. L'ambassadeur exige le rappel de Weygand. Pétain y consent le 20 novembre. En échange, il a souhaité rencontrer une haute personnalité du Reich pour relancer la collaboration politique.

L'entrevue avec Goering le 1er décembre à Saint-Florentin tourne mal. L'Allemand refuse de prendre en considération un mémorandum rappelant les concessions que la France était en droit d'attendre après Montoire. D'après Abetz, Pétain aurait été très ferme en lançant à son interlocuteur :

« Vous ne pouvez pas faire la paix sans la France. En ne faisant pas une paix de collaboration vous vous exposez à perdre la paix. »

Darlan montre plus de souplesse. Lorsque l'Allemagne déclare la guerre aux Etats-Unis (7 décembre) il justifie auprès des Allemands la neutralité de la France par la peur d'une action américaine sur les Antilles françaises. Il est d'autant mieux compris que Hitler ne veut pas de l'alliance de la France.

Darlan offre alors à l'amiral Raeder de lui transmettre les renseignements obtenus par les services français sur la flotte anglaise. Il envoie le général Juin à Berlin pour préparer le transit par la Tunisie des renforts destinés à Rommel qui est en difficulté.

Au début de 1942, l'attitude de Vichy est déconcertante.

Pétain, en dénonçant le rôle néfaste des journalistes de Londres et de Paris, condamne tout à la fois les dissidents gaullistes et les ultras de la collaboration. Il semble résister à sa façon lorsqu'il déclare :

« Dans l'exil partiel auquel je suis astreint, dans la demi-liberté qui m'est laissée, j'essaie de faire tout mon devoir. Chaque jour, je tente d'arracher ce pays à l'asphyxie qui le menace, aux troubles qui le guettent. Aidez-moi ! »

Mais le 11 janvier le gouvernement aurait admis l'idée de faire entrer la France dans la guerre aux côtés des Allemands, moyennant l'octroi d'un traité de paix. Abetz, qui a vu Hitler, le 5, et Benoist-Méchin engageant le gouvernement français ont sans doute poussé dans ce sens. Une fois encore Darlan jouait avec le feu.

Hitler, en tout cas, ne bronchait pas. Goebbels note dans son journal le 22 janvier : « Le Führer ne veut pas de préliminaires de paix. Il ne croit pas non plus que la France soit prête à nous aider dans la création d'un ordre nouveau », et Hitler déclare le 31 : « La France nous demeure hostile. »

Darlan pratique une politique confuse. D'un côté, il multiplie les offres de service aux Allemands dans l'espoir toujours déçu d'un véritable règlement; de l'autre, il insiste sur sa volonté de neutralité pour rassurer les Etats-Unis.

Au printemps 1942 son échec est patent : les conditions de vie des Français sont des plus difficiles, le procès de Riom tourne à la confusion de Vichy, et irrite les Allemands, l'opposition grandit, les menaces des Alliés se précisent sur la flotte et sur l'empire.

Darlan a perdu la confiance de Pétain.

2. **Le retour de Laval.** — Le Maréchal a accepté de rencontrer Laval le 26 mars, mais il n'envisage pas de le rappeler. Il souhaite constituer un ministère de conservateurs prudents et rassurer ainsi l'amiral Leahy, inquiet des menées de Darlan. C'est Abetz qui laisse entendre que seul le retour de Laval permettra une reprise de la collaboration.

En réalité, les Allemands se soucient peu de Laval. Goering lui aurait même conseillé de ne pas revenir au pouvoir. Par contre, les Américains font savoir que le retour de Laval serait un cas de rupture. C'est Darlan, qui, en révélant aux Allemands l'ultimatum de Roosevelt, amène ceux-ci à imposer Laval.

Nommé chef du gouvernement le 18 avril 1942, Laval compte dans son ministère des partisans résolus de la collaboration, Bonnard, Bridoux, Bichelonne, Marion, l'amiral Platon, Benoist-Méchin. Darlan devient commandant en chef et demeure successeur désigné du Maréchal.

Laval, comme Darlan, a pour premier souci de convaincre l'Allemagne de la bonne volonté française. Pétain est d'accord avec lui. Ainsi, il déclare le 11 juin devant la Légion des Combattants :

« M. Laval a gagné mon entière confiance non seulement par ses paroles, mais par ses actes. Il n'y a plus aucun nuage entre nous. Nous marchons la main dans la main. Quand M. Laval parle, c'est en accord avec moi. »

Hitler cependant ne répond pas aux avances françaises, d'autant qu'il est indigné par l'évasion le 17 avril du général Giraud et par le bon accueil que celui-ci a reçu à Vichy. Il en résulte un régime plus dur pour les prisonniers et un raidissement de l'occupation.

Goebbels note le 26 avril :

« En ce qui concerne la France, Hitler est d'avis, maintenant comme autrefois, que nous n'arriverons jamais à un accord à l'amiable. Tout ce verbiage sur la collaboration n'a qu'un but provisoire. »

Laval pourtant multiplie les concessions à l'Allemagne. L'amiral Leahy, rappelé par Roosevelt, constate que Laval « poussera aussi loin que possible la collaboration avec l'Allemagne pour aider à la défaite de ce qu'il appelle le bolchevisme anglo-soviétique ». C'est le moment où Vichy accepte les empiétements de la police allemande, la chasse aux Juifs, l'envoi de travailleurs français en Allemagne.

Après avoir essayé en vain de rencontrer Goering, Laval offre son concours à Ribbentrop le 12 mai :

« L'Allemagne, écrit-il, a mobilisé en vue de la plus grande bataille de l'Histoire les éléments les plus jeunes et les plus actifs de son peuple, elle a par conséquent besoin d'hommes... Je souhaite en conséquence que des Français, aussi nombreux que possible, prennent dans vos usines la place de ceux qui partent sur le front de l'Est. »

Ribbentrop répond sèchement le 25 :

« La politique généreuse du Führer, qui tendit à Montoire la main de la réconciliation au peuple français, n'a pas eu en France l'écho qui pouvait à bon droit être attendu et que la situation de la France et ses intérêts auraient justifié. »

L'Allemagne ne se contente plus de promesses, elle veut des actes.

Laval suggère alors la relève des prisonniers par des travailleurs, et le 22 juin il lance la phrase célèbre : « Je souhaite la victoire de l'Allemagne parce que, sans elle, le bolchevisme demain s'installerait partout. » Laval précise qu'il parle au nom du Maréchal et, de fait, celui-ci, à qui le texte a été soumis, a seulement suggéré : « je souhaite » à la place de « je crois ».

Laval laisse l'Allemagne saisir des navires marchands neutres bloqués dans les ports français, il lui livre des produits alimentaires et des biens d'équipement, il facilite l'action de la police allemande en zone Sud.

Mais il n'obtient rien. Il se plaint à Abetz qu'on lui mène la vie plus dure qu'à ses prédécesseurs. Et pourtant sa politique en faveur de l'Allemagne pousse les Anglo-Américains à menacer sérieusement les possessions françaises aux Antilles, à Madagascar, en

Afrique du Nord où on redoute un débarquement. Le général Bridoux réclame la formation d'une légion tricolore et épure l'armée de l'armistice pour repousser l'agression anglo-américaine. Le gouvernement décide le 31 juillet qu'en cas d'invasion alliée il respectera les obligations de l'armistice.

Le 19 août un commando canadien est écrasé à Dieppe. Pétain s'en félicite. Il aurait écrit à Hitler : « En raison de la dernière agression britannique qui s'est déroulée cette fois-ci sur notre sol... je propose d'envisager la participation de la France à sa propre défense. » Hitler ne veut pas en entendre parler. Par contre, en Alsace-Lorraine, le service obligatoire est établi et la protestation de Pétain, que celui-ci ne rend pas publique, demeure sans effet.

L'Allemagne, qui est à son apogée à l'été 1942, n'est nullement disposée à assouplir son attitude à l'égard de la France.

3. **Le débarquement en Afrique du Nord.** — La situation évolue avec les événements d'Afrique du Nord : l'échec de Rommel à El Alamein, le débarquement anglo-américain (7-8 novembre), la perspective d'un second front. A Roosevelt, qui lui adresse un message pour justifier l'opération, Pétain réplique avec indignation : « La France et son honneur sont en jeu. Nous sommes attaqués. Nous nous défendrons. »

De fait, en Algérie et au Maroc, malgré les intrigues favorables aux alliés, les troupes françaises résistent, conformément aux ordres de Vichy.

Les Allemands, qui se méfient de la France, exigent la disposition de Bizerte et de bases en Tunisie, ce que Laval accepte le 9. Il est alors question d'une participation active de la France à la guerre. Abetz la souhaite. Laval aussi, à condition qu'elle permette un règlement global des rapports franco-allemands.

L'affaire se complique car les chefs militaires français en Algérie, Giraud, Juin, ont des contacts avec les Américains. En outre, il se trouve que l'amiral Darlan se rend à Alger, au chevet de son fils malade.

Laval a besoin de rencontrer Hitler. Il arrive à Munich le 10 après un voyage épuisant. C'est lui, semble-t-il, qui offre à l'Allemagne une alliance « pour le meilleur et pour le pire », moyennant des garanties politiques. Mais Hitler refuse tout engagement.

Pendant ce temps, à Vichy, Pétain subit des influences contradictoires. « Tout au long de ces jours, le Maréchal agit comme dans un rêve » (W. Churchill). Les adversaires de Laval adressent à Alger des télégrammes, signés Pétain, suggérant le cessez-le-feu. On parle du départ de la flotte. On espère convaincre Pétain de gagner l'Algérie où Darlan, chef suprême des forces françaises, a devancé Giraud en prenant contact avec les Américains.

Hitler a pris la décision, peut-être dès le 8, d'occuper toute la France au mépris de l'armistice. Il l'annonce à Pétain le 10 en justifiant l'action allemande et en offrant le transfert du gouvernement à Paris.

Le 11 novembre les troupes allemandes occupent la zone Sud « sans le moindre incident ». Le maréchal von Rundstedt constate : « La police française fut empressée de bonne volonté. » Pétain proteste mais, une fois de plus, sans informer le pays auquel il lance un simple appel au calme.

Laval avait affirmé : « La France ne devra plus être traitée en vaincue, mais comme une alliée. » Il revient de Munich les mains vides et trouve une situation difficile : la France est occupée à l'exception de Toulon ; à Alger, Darlan a accepté le cessez-le-feu, ce qui lui a valu d'être destitué et remplacé par Noguès ; les Anglo-Américains tiennent solidement l'Algérie et le Maroc.

Reste la Tunisie. Laval y envoie l'amiral Platon pour organiser la défense avec l'appui allemand. Il propose la création d'une légion impériale pour la reconquête de l'Afrique du Nord. Il met à la disposition des Allemands tous les navires marchands disponibles.

Mais les Allemands ne répondent pas. « Nous n'avons pas à tabler sur une collaboration franco-allemande », précise Ribbentrop le 17 novembre. Bien plus, la disgrâce frappe Abetz, jugé trop favorable à la France.

Hitler donne l'ordre d'attaquer Toulon le 23. Il confirme au haut commandement :

« La souveraineté française sera reconnue, mais dans la seule mesure où elle servira nos intérêts. Elle sera supprimée dès l'instant où elle ne pourrait plus être conciliée avec les nécessités militaires. »

Le 26, il écrit à Pétain que devant le cessez-le-feu en Afrique du Nord, il dissout l'armée de l'armistice. Il fait rechercher et enlever les armes stockées en zone Sud. Il tente enfin de saisir la flotte qui se saborde le 27 novembre.

Laval néanmoins, dont les pouvoirs ont été accrus le 18, continue à offrir à l'Allemagne l'appui sans réserve de la France. Il propose à Ribbentrop de « participer à la lutte contre le communisme » moyennant des concessions visibles.

Pétain écrit à Hitler au début de décembre :

« En accroissant les pouvoirs du président Laval, chef du gouvernement, j'ai marqué ma volonté de voir s'établir entre nos deux pays des rapports de confiance réciproque sur une politique d'entente. »

Il confirme à von Rundstedt, le 10, qu'il est prêt à œuvrer pour l'Europe nouvelle à condition de recouvrer une armée et une pleine souveraineté.

Laval s'obstine malgré les rebuffades. « La victoire de l'Allemagne, dit-il le 13, empêchera notre civilisation de sombrer dans le communisme... Quant à moi, j'ai choisi. »

Il obtient de rencontrer Hitler le 19. Celui-ci refuse toute concession. Les frais d'occupation sont portés à 500 millions, l'armée est réduite à une petite phalange africaine admise à combattre en Tunisie avec les Allemands, une nouvelle réquisition de main-d'œuvre est imposée. Laval pourtant, à son retour, s'estime satisfait : « C'est un nouveau départ, dit-il. On avait donné sa chance à la France. On lui en donne une nouvelle. »

Pétain, dans son message de Noël, atteste qu'il n'a jamais songé à changer de camp :

> « Mon honneur à moi est de rester à ce poste, face au danger, sans armée, sans flotte, au milieu d'une population malheureuse. »

Dans un message, écrit de sa main pour que nul n'en ignore, il condamne à nouveau la dissidence :

> « Tous les chefs indignes qui ont livré l'Afrique française aux Anglais et aux Américains ont prétendu et contribuent à prétendre qu'ils ont agi en plein accord avec moi ou même sur mon ordre... Je leur oppose le démenti le plus formel. »

Pétain et Laval ont justifié leur attitude en invoquant le risque de polonisation. Ils ont laissé croire que les Allemands pourraient placer à la tête de la France un gouvernement de collaborateurs parisiens ou même un gauleiter SS. En fait Hitler n'y songeait pas. Il aurait déclaré à Ciano le 18 : « Il faut garder Pétain comme une sorte de fantôme et le faire regonfler de temps en temps par Laval quand il s'aplatit trop. » Goebbels note de son côté : « Nous ne pouvons trouver un homme meilleur que Laval pour notre politique. »

A la fin de 1942 il est clair que la collaboration a évolué. Elle était sans doute au départ volonté de sauvegarder les intérêts français, elle est désormais complaisance envers les intérêts allemands.

II. — Les complaisances françaises

1. **La collaboration policière.** — La police française dans les deux zones restait sous l'autorité du gouvernement de Vichy ou de sa délégation à Paris. Mais en vertu de la convention d'armistice, les fonctionnaires de la zone occupée étaient tenus de collaborer avec les autorités militaires. Celles-ci, pourvu que l'ordre fût maintenu, n'avaient pas l'intention de s'ingérer dans les affaires françaises et elles se contentaient d'une surveillance discrète.

C'est le gouvernement de Vichy qui épura la police dès l'automne 1940 et qui la réorganisa au début de 1941 en l'orientant vers la répression des « menées antinationales », terme très large désignant toutes les oppositions à l'ordre nouveau.

Pucheu, ministre de l'Intérieur dès juillet 1941, créa des polices spécialisées comme le service de police anticommuniste, le service des sociétés secrètes (contre les FM), la police aux questions juives. Elles s'ajoutaient aux brigades spéciales du commissaire David, créées dès 1939 pour lutter contre les communistes.

Dans le même temps les divers ministères et les mouvements politiques autorisés constituèrent leurs propres forces de sécurité. Ces polices parallèles se mirent au service de l'occupant alors que la police officielle se montrait moins docile.

L'armée allemande était arrivée avec sa propre police (GFP et Abwehr), mais dès juin 1940 le service de sécurité du Reich, RSHA, dirigé par Himmler, organisé par Heydrich, avait délégué à Paris Helmut Knochen et un petit groupe de SS (Hagen, Nosek, Bloemelburg).

Le Sipo-SD, que l'on appelle improprement la Gestapo, avait été tenu en bride par l'autorité militaire qui, dans la première année d'occupation, assurait sans peine l'ordre public.

A l'été 1941 les sabotages et les attentats s'étaient multipliés. Le 21 août l'aspirant Moser était abattu dans le métro. Les Allemands répliquaient par l'ordonnance du 22 août prévoyant, pour tout meurtre de soldat allemand, l'exécution d'un certain nombre d'otages français.

Le gouvernement de Vichy se hâtait de publier une loi d'exception, antidatée au 14 août au mépris de tout droit. Une section spéciale de la Cour de Paris, désignée à la hâte, envoyait à la mort trois communistes le 23 août.

Les attentats n'en continuèrent pas moins à Paris, à Bordeaux, à Nantes. Les Allemands arrêtèrent 600 otages et en fusillèrent 100. Pétain, indigné, envisagea de s'offrir comme otage, mais Abetz l'en dissuada. Pucheu alla jusqu'à choisir les otages en livrant des communistes qui furent exécutés à Chateaubriant le 22 octobre. Le gouvernement multiplia les sections spéciales, juridictions d'exception.

Les Allemands accentuèrent la répression en zone Nord par le décret *Nacht und Nebel* (7 décembre 1941) prévoyant la déportation des détenus. Ils installèrent une antenne du SD à Vichy en février 1942.

En avril 1942, Himmler obtint du Führer le transfert des pouvoirs de police aux services de la Sipo-SD.

Un chef de haut grade fut choisi, le général Oberg, qu'Heydrich vint installer à Paris le 7 mai, au grand dépit des militaires.

Une vaste organisation policière groupant 2 000 hommes avait son siège avenue Foch, tandis qu'en province dix agences locales assuraient la présence partout du SD bientôt renforcé par des auxiliaires français.

La réforme de juin 1942, qui consacrait la puissance des SS, devait assurer la surveillance de la police française. Les accords conclus le 29 juillet entre Oberg et Bousquet, secrétaire général de la police de Vichy, laissaient en apparence une large autonomie aux services français qui n'avaient plus à livrer de suspects ni d'otages.

En fait, les accords n'eurent guère d'effet. Dès juin 1942, dans chaque brigade de la police judiciaire, une section des Affaires politiques travailla en étroite liaison avec le Sipo-SD. Les brigades spéciales pourchassèrent plus spécialement les résistants communistes et les livrèrent aux Allemands.

A partir de 1942 l'occupation se durcit. C'est la procédure de *Schutzhaft* qui, comme en Allemagne, permet au SD d'interner dans un camp de concentration, sans jugement, toute personne suspecte. C'est la déportation des résistants avec les convois *Nacht und Nebel* quittant Compiègne pour les grands camps du Reich.

La collaboration policière ne tarda pas à ouvrir la zone Sud à la répression allemande. En septembre 1942, une vaste opération, dite *Funkspiel*, fut lancée avec l'accord de Laval. Les services spéciaux de l'Abwehr et du SD ainsi que des spécialistes français (Desloges) unirent leurs efforts.

Les agents français et allemands, munis de faux papiers par Vichy, saisirent des émetteurs clandestins, arrêtèrent des résistants, disloquèrent des réseaux.

Laval se félicita à la fin de 1942 d'avoir capturé 400 terroristes et plus de 5 000 communistes. Ainsi le gouvernement de Vichy, pour garder le contrôle des forces de l'ordre, se trouvait amené à engager de plus en plus la police française dans la voie de la répression souhaitée par l'occupant.

2. **La persécution des Juifs.** — A) *Les Juifs de France.* — Il y avait environ 300 000 Juifs en France en 1939. La moitié d'entre eux, Français de longue date, fidèles à la tradition mais peu pratiquants, bien intégrés dans la nation, jouaient un rôle important, notamment à Paris, dans la vie économique et culturelle du pays. Les autres, immigrés récents, plus pauvres, plus religieux, plus groupés dans les mêmes quartiers, étaient souvent mal assimilés.

L'antisémitisme était vigoureux en France. Hérité des préjugés catholiques, des rancœurs populaires, du nationalisme agressif, il s'était développé sous l'effet de la crise. Les ligues en avaient fait un de leurs thèmes favoris. L'arrivée massive d'immigrants chassés d'Europe centrale avait suscité des réactions hostiles. Des dispositions avaient été prises en 1938 contre les étrangers indésirables, allant jusqu'à l'internement dans des camps. La législation de Vichy, qui accentuait une tendance d'exclusion, fut admise sans difficulté par l'administration.

Après le désastre de 1940, les Juifs, accusés d'avoir affaibli la France et de l'avoir poussée à la guerre, furent tout naturellement les boucs émissaires de la Révolution nationale.

B) *Les premières mesures.* — En 1940 les Allemands, qui ont résolu de chasser les Juifs du Reich, adoptent la même attitude dans les pays occupés. A Paris, plusieurs services sont chargés de la question juive, l'autorité militaire (MBH) avec le Dr Best, l'ambassade (Schleier, Zeitschel), le SD avec le « Judenreferat » dirigé par Dannecker, l'Einsatz Rosenberg qui s'occupe plus particulièrement du pillage des biens juifs.

Dès le début de l'occupation les Juifs qui sont passés en zone libre ne sont pas autorisés à revenir, ceux d'Alsace-Lorraine sont expulsés, ceux de la zone Nord sont recensés.

Les Allemands promulguent un statut des Juifs (27 septembre), valable pour la zone occupée. Est considéré comme Juif tout individu professant la religion israélite ou ayant trois grands-parents de cette confession. Les Juifs sont exclus des emplois publics et des grandes fonctions économiques. Ils sont dépossédés de leurs entreprises qui seront confiées à des administrateurs aryens.

En octobre, la section juive du SD est confiée à Dannecker, qui entreprend le recensement des Israélites avec l'aide de la police française. Le gouvernement de Vichy proteste, non contre la nature même des décisions allemandes, mais contre le fait qu'elles aient été prises par l'occupant seul, au mépris des droits des autorités françaises.

Les mesures de Vichy contre les Juifs sont d'origine française. Elles ne résultent nullement d'une quelconque pression allemande. Elles émanent par contre de cet état d'esprit de repli xénophobe et de réaction nationaliste qui anime les tenants de l'ordre nouveau à l'été 1940.

Dès le 22 juillet un décret ordonne la révision des naturalisations postérieures à 1927. Le 27 août est aboli le décret Marchandeau qui permettait de sanctionner les injures racistes. Au Conseil des Ministres du 1er octobre, il est question des Juifs. Selon Paul Baudouin, « c'est le Maréchal qui se montre le plus sévère. Il insiste en particulier pour que la justice et l'enseignement ne contiennent aucun Juif ».

Le statut des Juifs (3 octobre), préparé par le ministre de la Justice, le maurrassien Alibert, est plus rigoureux que celui de la zone occupée car la définition du Juif est fondée sur la race. Est juive toute personne ayant plus de deux parents de race juive. Les Juifs sont exclus de certaines fonctions publiques et économiques, avec une exception pour les anciens combattants.

Le 4 octobre, le gouvernement allait plus loin en décidant de faire interner les Juifs étrangers — il y en aura 40 000 — dans des camps spéciaux (Gurs, Noë, Agde). En outre Vichy ôtait la nationalité française aux Juifs d'Algérie en abrogeant le décret Crémieux.

Face à l'aryanisation mise en vigueur par les Allemands en zone occupée, le gouvernement exigea que l'on prît des gérants français, ce que l'occupant accepta puisque cela lui facilitait la tâche. Par crainte d'une mainmise allemande sur notre économie on permettait ainsi à des Français de spolier légalement d'autres Français.

C) *Le raidissement de Vichy.* — Au début de 1941 le gouvernement, qui recherche avec ardeur les faveurs de l'Allemagne, prépare une nouvelle législation restrictive qui pourrait s'appliquer dans les deux zones. De son côté Dannecker, appliquant les consignes d'Eichmann, s'apprête à créer un Office central juif. En mars 1941, Darlan, répondant aux désirs des Allemands, crée un Commissariat général aux questions juives.

Il est confié à Xavier Vallat, nationaliste très méfiant

à l'égard des Allemands, antisémite qui se défend de vouloir persécuter les Juifs, mais qui veut limiter leur nombre et leur influence dans la nation. « Le Juif, dit-il, est supportable à la dose homéopathique. » Darlan souhaite qu'on n'inquiète pas « les vieux Juifs français », mais il est, comme une large fraction de l'opinion, hostile aux étrangers.

En zone occupée Dannecker, avec l'aide de la police française, fait arrêter le 14 mai 3 700 Juifs de diverses nationalités qui sont envoyés dans les camps de Pithiviers et Beaune La Rolande.

Les Allemands font savoir qu'ils attendent du gouvernement français l'expulsion ou l'internement des Juifs, ainsi que l'application d'une législation répressive.

C'est dans ces conditions que Vichy promulgue, le 2 juin, un nouveau statut valable pour toute la France. Il est plus rigoureux que le précédent et étend la qualité de Juif à tous ceux qui professaient la religion israélite avant 1940. Race et religion doivent ainsi concourir à mieux reconnaître les Juifs.

La liste des emplois interdits est élargie à la fonction publique, aux cadres de l'économie, aux métiers de l'information et du spectacle. Des sanctions sont prévues contre les infractions : elles vont jusqu'à l'internement même pour les Juifs français. Les exceptions accordées aux anciens combattants sont presque toutes supprimées.

Une autre loi ordonne un recensement général des Juifs. Au cours de l'été un *numerus clausus* est institué pour le barreau, la médecine (2%), l'université (3 %).

Le 22 juillet une loi étend à tout le territoire l'aryanisation des biens telle qu'elle fonctionne déjà en zone occupée. Un administrateur provisoire est désigné pour gérer ou vendre tout bien juif, le produit étant versé à la Caisse des Dépôts. Il en résulte en fait un trafic scandaleux.

A Paris, le 20 août, à la suite d'une rafle massive, les Allemands, aidés de policiers français, arrêtent 4 000 Juifs qui sont conduits au camp de Drancy. Le gouvernement de Vichy en conclut qu'il doit durcir son action s'il ne veut pas être débordé par l'occupant.

Au commissariat Vallat fait préparer un statut qui élargit la notion de Juif et accentue l'exclusion. Pucheu crée une Police aux questions juives qui agit en étroite liaison avec Dannecker.

Une loi de novembre 1941, conforme aux idées allemandes, crée une seule organisation, l'Union générale des Israélites de France. Elle est censée représenter les intérêts de la communauté juive, mais on attend d'elle qu'elle facilite la déportation. Et il est vrai qu'en cherchant à faire la part du feu elle sera amenée à se compromettre avec les persécuteurs (1).

A la suite des attentats contre les soldats allemands la répression s'accentue en zone Nord. Dannecker fait arrêter 743 notables juifs et frappe la communauté d'une amende d'un milliard (17 décembre). Les rafles se multiplient.

En zone libre l'opinion évolue. Les mesures contre les Juifs, qui ont été d'abord accueillies favorablement dans le climat de la Révolution nationale, commencent à susciter de la réprobation. Mais le gouvernement de Vichy n'en tient pas compte car il pense, par la lutte anti-juive, amener l'Allemagne à une plus franche collaboration.

D) *La solution finale.* — A partir de 1942 la persécution prend une autre dimension. Le 20 janvier, à

(1) Maurice Rajsfus, *Des Juifs dans la collaboration*, Paris, EDI, 1980.

la conférence de Wannsee, les nazis ont décidé « la solution finale » du problème juif. Suivant les directives d'Heydrich et d'Eichmann, les SS prennent en main l'opération. Dès mars les premiers convois partent pour Auschwitz.

Les Allemands n'ont plus confiance dans Vallat que Darlan congédie le 19 mars.

Laval, qui revient au pouvoir en avril, n'est pas vraiment antisémite, mais il a besoin pour sa politique de donner des gages à l'occupant. La nomination le 6 mai au Commissariat aux questions juives de Darquier de Pellepoix a tout pour satisfaire Dannecker. Le nouveau chef du CGQJ, avocat et journaliste véreux, est un raciste passionné.

En mai, avec l'arrivée d'Oberg, la chasse aux Juifs s'intensifie. Le port de l'étoile jaune est obligatoire dès l'âge de six ans (1er juin) en zone Nord. Malgré la pression allemande Pétain refuse d'étendre la mesure à la zone libre. Par contre, des deux côtés, on est d'accord pour se débarrasser des Juifs étrangers.

Lorsque les Allemands préparent la déportation vers l'Est des Juifs apatrides ou étrangers internés à Drancy, le gouvernement français, loin de s'y opposer, suggère que l'on évacue en priorité les Juifs de zone libre qui sont internés depuis plus longtemps. La question reste en suspens à cause de l'insuffisance des moyens de transport.

En juin le RSHA, chargé par Himmler de la solution finale, fixe un contingent de Juifs à livrer par chaque pays occupé : pour la France il est de 100 000. Eichmann ordonne à Dannecker de « déporter aussitôt que possible tous les Juifs domiciliés en France » et pour cela d'utiliser les forces de l'ordre françaises.

Le 2 juillet, Oberg réunit à Paris les principaux responsables de la police : Bousquet, secrétaire général de la police de Vichy, Darquier de Pellepoix, et du côté allemand, Knochen, Hagen, Lischka. Dannecker note :

« Bousquet déclare que le maréchal Pétain, chef de l'Etat, aussi bien que le président Laval se sont déclarés d'accord au cours du récent Conseil des Ministres pour que tous les Juifs apatrides de zone occupée et de zone libre soient déportés pour commencer. »

Laval espérait sans doute, en livrant les Juifs étrangers, éviter la déportation des Juifs français. Mais les Allemands avaient fait savoir qu'ils voulaient frapper tous les Juifs sans exception.

Bousquet et son correspondant à Paris Jean Legay furent chargés de fournir les moyens de l'opération « Vent Printanier ». L'objectif était l'arrestation de 22 000 Juifs. Les 16 et 17 juillet, 9 000 policiers, gendarmes et gardes mobiles français, utilisant le fichier de la préfecture de police, parvinrent à arrêter 13 000 personnes. Bien qu'un grand nombre de Juifs, prévenus, aient pu échapper à la rafle, les victimes du coup de filet, 3 095 hommes, 5 885 femmes et 4 000 enfants furent internées à Drancy et au Vélodrome d'hiver dans des conditions effroyables.

Les Allemands étaient prêts à laisser les enfants, mais Laval les en dissuada. Dannecker constate : « La question des enfants juifs en zone occupée ne l'intéresse pas. » Pour faire nombre, pour éviter des complications, Laval insista pour la déportation des enfants qu'Eichmann accepta le 20 juillet.

En zone libre, les arrestations des 26-28 août portent sur 10 522 Juifs. Laval, marchandant avec Oberg, a dit qu'il ne pouvait pas livrer les Juifs « comme dans un Prisunic ». Il a refusé la dénaturalisation massive des Juifs. Il a justifié cependant la déportation, déclarant à Radio-Paris le 14 septembre :

« Rien ni personne ne pourra nous détourner de la politique qui consiste à épurer la France d'éléments indésirables sans nationalité. »

A partir du 15 septembre un train d'un millier de déportés part chaque jour de Drancy pour Auschwitz. Sur les 76 000 Juifs envoyés de France dans les camps de la mort, 42 500 l'ont été en 1942.

La multiplication des rafles, auxquelles procédaient des policiers français pour le compte des Allemands, a suscité dans le pays une vive émotion. Et pourtant, l'opinion ne savait pas encore le sort réservé aux Juifs déportés. On parlait de camps de travail en Pologne (à Pitchipoï, disait-on). Lorsque la vérité a été connue peu à peu à l'automne, on a refusé d'y croire.

La situation des Juifs en zone occupée s'était aggravée avec le port de l'étoile jaune. Il leur était interdit de fréquenter les lieux publics, ils n'avaient pas droit au téléphone même s'ils étaient médecins, ils devaient faire leurs achats à certaines heures de l'après-midi, alors que les magasins n'avaient souvent plus rien à vendre. Seuls ceux qui se trouvaient dans la petite zone d'occupation italienne vivaient dans des conditions acceptables.

Après l'invasion de la zone Sud, la lutte contre les Juifs prit une nouvelle extension. Hagen poussa Bousquet à appliquer strictement une loi du 9 novembre qui interdisait le déplacement des Juifs étrangers.

Ceux-ci ne devaient pas pouvoir échapper à la déportation. C'est aussi à ce moment, qu'en vertu d'une loi du 11 décembre la mention : « Juif » fut apposée sur les cartes d'identité et d'alimentation.

Le gouvernement de Vichy a donc apporté un appui

essentiel à la persécution des Juifs, même si, ici et là, il a cherché à en atténuer la rigueur pour les Juifs français. Les Allemands qui ne disposaient en France que de faibles forces de police — 2 500 à 3 000 hommes — utilisèrent la police française pour traquer les Juifs, les arrêter, les interner à Drancy, qui resta sous contrôle français jusqu'en juillet 1943, enfin pour les convoyer jusqu'à la frontière. Oberg se plut à reconnaître qu'il s'agissait d'un « effort appréciable ».

3. **Les travailleurs français en Allemagne.** — Le Reich a besoin d'une importante main-d'œuvre et, pour faire tourner son économie de guerre, il fait appel dès 1940 à des travailleurs volontaires. Ainsi d'octobre 1940 à mai 1942, près de 150 000 hommes, attirés par des promesses de hauts salaires, poussés par les difficultés de l'emploi en France, étaient partis travailler en Allemagne. Mais beaucoup étaient revenus et il n'en restait que 70 000 au printemps 1942.

Dès le début de 1942, le Dr Michel, chargé des questions économiques auprès du MBH, avait averti le gouvernement français des exigences du Reich en matière de main-d'œuvre. Parallèlement Sauckel, gauleiter de Thuringe, réputé pour sa dureté, était nommé par Hitler « planificateur général pour le recrutement de la main-d'œuvre ».

Laval crut bon de prendre les devants en écrivant à Ribbentrop le 12 mai. Il espérait marchander l'envoi de travailleurs contre un assouplissement des rigueurs de l'armistice. Mais les Allemands n'avaient nulle envie de négocier.

Au début de juin, Sauckel arriva à Paris. Il lui fallait 250 000 ouvriers, dont 150 000 spécialistes, avant la fin juillet, sinon il recruterait lui-même.

Laval discuta âprement. « Sauckel est une barre de fer », dit-il. De son côté, Scapini reprit à Berlin une proposition qu'il avait faite sur le remplacement de prisonniers, placés ainsi en « congé de captivité », par des travailleurs transférés en Allemagne.

Hitler finit par consentir au troc, à condition que soit échangé un prisonnier pour trois travailleurs.

Au début de juin, Laval, assisté des ministres Bichelonne et Lagardelle, prit contact avec des syndicalistes acquis à la Charte du Travail. On créa un Comité d'Information ouvrière et sociale animé par Lafaye et Dumoulin, et chargé de la propagande dans le monde du travail.

Le 22 juin, Laval annonça la Relève dans un discours où il souhaitait la victoire de l'Allemagne. Il ajoutait : « Ouvriers de France ! C'est pour permettre à la France de trouver sa place dans la nouvelle Europe que vous répondrez à mon appel. » Et Laval insistait bien sur le fait qu'il avait l'accord total du Maréchal.

Le 11 août, Laval donna un éclat particulier à l'accueil qu'il fit à Compiègne, en présence des autorités allemandes, du premier train de prisonniers libérés au titre de la Relève.

Mais les exigences de Sauckel ne furent pas satisfaites. Au 1er septembre, 53 000 hommes seulement étaient partis sur les 250 000 demandés. La Relève était un échec.

Sauckel lança alors un ultimatum. Faute d'une meilleure collaboration, il appliquerait en France comme dans les autres territoires occupés une ordonnance du 22 août, qui prévoyait la réquisition de toute la main-d'œuvre masculine et féminine et le recensement de la population active de 18 à 55 ans.

Laval reprit la négociation. Il s'engagea à promulguer des mesures propres à éviter l'application de l'ordonnance. Le 4 septembre 1942, le Service national du Travail fut institué. Toute personne du sexe masculin âgée de plus de 18 ans et de moins de 50 ans et toute personne du sexe féminin âgée de plus de 21 ans et de moins de 35 ans pouvaient être assujetties à effectuer tous les travaux que le gouvernement jugerait utiles dans l'intérêt supérieur de la Nation. Aucune femme toutefois ne serait contrainte de travailler loin de son foyer.

Le principe de la Relève était maintenu. Le travail volontaire était encouragé, la femme continuant à toucher la moitié du salaire, en plus des sommes versées en Allemagne. Mais le gouvernement de Vichy prenait sur lui d'encourir l'impopularité en poussant au travail en Allemagne pour satisfaire l'occupant.

La décision fut critiquée au sein du ministère par l'amiral Auphan, Leroy-Ladurie, Bonnafous, Gibrat : « Nous n'avons pas le droit de nous poloniser nous-mêmes », proclamèrent les opposants qui réclamèrent que l'ordonnance du 22 août ne s'applique en aucun cas à la France ni à la zone interdite, qu'aucune sanction contre les réfractaires ne soit appliquée sans un débat au Conseil des Ministres.

Laval fit appliquer la loi sans se soucier des murmures. Les départs furent en gros conformes aux exigences allemandes. Entre le 1er septembre et le 31 décembre 186 000 travailleurs partirent, ce qui porta le total à 239 000. Les Allemands constatèrent : « Seule la France a rempli le programme à 100 %. »

III. — Les ultras de la collaboration

1. **Paris à l'heure allemande.** — La guerre entre l'Allemagne nazie et l'Union soviétique stimule la col-

laboration parisienne. Alors que l'existence quotidienne est marquée par des difficultés grandissantes, la vie mondaine, réservée à une minorité de privilégiés, brille de tout son éclat. Abetz, Epting, de Brinon, Luchaire organisent des réceptions que fréquentent les personnalités en vue de l'administration, de la culture, du spectacle. Le Tout-Paris s'habitue à côtoyer sans gêne les uniformes allemands.

Les expositions, suscitées par la propagande, touchent un large public. Celle qui est consacrée au *Juif* au Palais Berlitz en septembre 1941 accueille en trois semaines 100 000 visiteurs. Il en est de même de celle qui, en mai 1942, à l'Orangerie fait connaître le sculpteur Arno Brecker.

Les échanges culturels franco-allemands s'intensifient. L'occupant attire en Allemagne des musiciens (Honegger, Florent Schmitt), des écrivains (Brasillach, Drieu La Rochelle, Rebatet, Abel Bonnard), des vedettes de la scène ou de l'écran (Maurice Chevalier, Albert Préjean).

Il organise des cycles de concerts consacrés à Mozart, Beethoven ou Wagner, avec des exécutants français et allemands. C'est ainsi qu'Alfred Cortot et Wilhelm Kempf donnent un récital de piano commun.

Le livre connaît une grande diffusion. Dès 1940 l'autorité allemande, par la liste Otto, interdit un important nombre de livres d'auteurs juifs ou anti-allemands. Elle encourage par contre la diffusion des écrivains d'outre-Rhin (Rilke, Spengler) et aide les éditeurs dociles comme Grasset ou Denoël.

Pendant que Drieu La Rochelle dirige la NRF et tente en vain d'y retenir Gide, Malraux ou Eluard, de nombreux ouvrages tirent la leçon de la défaite de 1940. Montherlant exalte dans *Le Solstice de juin* une Europe wagnérienne et solidaire, Brasillach dans *Notre avant-guerre* trace un itinéraire sentimental du fascisme, Drieu, dans sa *Chronique politique*, exalte un socialisme viril. Céline écrit *Les Beaux draps* où il fustige les Juifs. Rebatet connaît un grand succès en 1942 avec *Les Décombres*, violent pamphlet contre les responsables de la défaite, mais aussi contre l'ordre moral vichyssois.

Les académiciens sont nombreux à prôner l'ordre nouveau et l'un d'eux, Abel Bonnard, est ministre de l'Education nationale en 1942. Les livres favorables à la collaboration sont largement diffusés, par exemple, à la librairie Rive Gauche au cœur du Quartier latin.

Le groupe Collaboration, présidé par Alphonse de Chateaubriant, organise des conférences à Paris et en province, avec l'écrivain Paul Benoit, Mgr Baudrillart, le savant Georges Claude.

Le cinéma présente des films de propagande comme *Le jeune Hitlérien* ou *Président Krüger*, précédés d'actualités militaires exaltant les succès allemands. A Radio-Paris, le chroniqueur Jean Hérold Paquis, militant du PPF, répète sa formule : « L'Angleterre comme Carthage sera détruite », tandis que la radio de Londres réplique : « Radio-Paris ment, Radio-Paris est allemand. »

La presse est contrôlée par les Allemands, soit directement (par le trust Hibbelen), soit par les consignes de la Propaganda. L'ambassade la subventionne largement et Schleier prétend lui avoir versé 300 millions de 1939 à 1943. Des articles tout faits, par exemple sur la Relève, doivent être obligatoirement insérés et la plupart des journaux sont abonnés à l'Agence Inter-France de Dominique Sordet, qui fournit des éditoriaux signés des collaborateurs en vue.

Les anciens thèmes subsistent, mais repris dans l'optique national-socialiste. Ainsi la collaboration qui maintenant se veut « une alliance à chaux et à sable » (Céline).

Ainsi, l'antisémitisme qui approuve la déportation. Les camps sont « l'endroit rêvé pour apprendre aux Juifs à travailler pour les autres » (Bucard). « Il faut se séparer des Juifs et ne pas garder de petits » (Brasillach, 25 septembre 1942).

Le fascisme est exalté par l'équipe de *Je suis partout* :

> « Le fascisme c'est d'abord un esprit... C'est l'esprit social et national, c'est l'esprit d'équipe avant toute chose. Avec lui « nous avons vu naître un type humain nouveau ». »

Ce national-socialisme français, admirateur de l'Allemagne, indigne Maurras, le vieux maître, qui stigmatise « le clan des ya ».

A partir de juin 1941 reparaît l'anticommunisme mis en veilleuse depuis juin 1940 et avec une singulière violence. Déat s'écrie : « Une formidable exécution commence à l'est de l'Europe. » Chateaubriant appelle « un déluge de feu » et Baudrillart une croisade : « J'affirme que le tombeau du Christ sera délivré. » Rebatet écrit : *Le bolchevisme contre la civilisation.*

Le communisme est barbarie, fanatisme, « expression de l'abomination juive ». L'Allemagne, dans sa lutte à l'Est, défend l'Europe et la chrétienté. « Merci au soldat allemand » (Costantini).

Il faut détourner les masses des idées communistes. C'est pourquoi une « lettre ouverte aux ouvriers communistes », datée du 6 septembre, les invite à se rallier à l'ordre nouveau. Elle est signée par vingt-neuf anciens élus ou cadres du parti, Gitton, Capron, Fouchard, Clamamus. Gitton, le plus connu, vient d'être abattu le 5 par des militants du PCF, engagés dans la Résistance.

2. **La gauche collaborationniste.** — Un fait nouveau est l'adhésion de certains milieux de gauche à la collaboration. En 1940 pourtant la gauche démocratique et antifasciste, rendue responsable de la défaite, semblait hors du jeu politique. Les journaux de gauche, *l'Œuvre* et *l'Atelier*, subirent les insultes des ultras, tandis que *la France au travail*, sous l'influence de Dieudonné, s'alignait sur un socialisme à l'allemande.

Déat, ancien parlementaire socialiste, accusé de sympathies pour la franc-maçonnerie, a eu du mal à s'imposer, bien qu'il eût, selon Rebatet, « la tête la plus solidement fasciste de tout Paris ».

En novembre 1941, paraît un nouveau quotidien, *la France socialiste*, où écrivent l'ex-député radical Chateau, Claude Jamet et des syndicalistes Dumoulin et Lagardelle. Au même moment Charles Spinasse, ancien ministre du Front populaire, lance l'hebdomadaire *le Rouge et le Bleu*, « revue de la pensée socialiste française » avec une brillante équipe, Rives, Albertini, Guillaumin, Lagardelle, de Monzie, Lefranc, et les dessins de Monier et Moisan.

Le Rouge et le Bleu défend avec un certain courage l'esprit du Front populaire et se refuse à dénoncer les Juifs, ce qui lui vaut d'être attaqué par la droite néonazie qui réussit à le faire interdire en août 1942.

Les idées de gauche cherchent leur place dans l'ordre nouveau. « De ce côté de la ligne de démarcation, le socialisme est dans toutes les bouches », écrit Spinasse le 1er novembre 1941. Et Laval annonce dans son discours du 22 juin 1942 : « Demain, le socialisme s'instaurera partout en Europe. » Il s'agit bien sûr d'un socialisme communautaire, proudhonien, anticommuniste, mais que ressentent différemment les trois courants traditionnels de la gauche.

La gauche de la Révolte, dans la ligne du pacifisme libertaire et de l'anarcho-syndicalisme, souhaite la réconciliation avec l'Allemagne dans une Europe fédérale et socialiste.

On y trouve de nombreux enseignants, Challaye, Delaisi, Emery, Zoretti et des syndicalistes, Roy, Vigne, Lapierre, Delmas qui écriront dans *l'Atelier*, fondé dès 1940 par Lafaye et Mesnard.

La gauche de l'Autorité, dans la tradition républicaine et jacobine, s'adapte aisément à l'événement en prônant un socialisme national, antilibéral, totalitaire. Déat en est le leader incontesté. Avec Marquet il a lancé dès 1933 le mot d'ordre des néo-socialistes : « Ordre, Autorité, Nation » et glissé peu à peu vers le national-socialisme et le parti unique.

A cette tendance se rattachent des syndicalistes du plan comme Dumoulin, ou de la corporation comme Lagardelle, influencé par le fascisme mussolinien et la collaboration de classe.

La gauche de la Réforme, solidaire du Front populaire, n'est cependant pas absente. A Vichy, sa place est réduite avec l'appel au ministère de Belin puis de Chasseigne. A Paris se retrouvent des socialistes de la tendance Paul Faure, des élus comme Spinasse, Château, Rives, de Monzie, qui préconisent une société fondée « non plus sur l'argent, mais sur les valeurs humaines ». Cette propagande populaire, qui masque la réalité du national-socialisme, a pu entraîner dans la voie de la collaboration des militants abusés.

3. **Le combat des chefs.** — La guerre entre l'Allemagne et l'URSS suscite l'enthousiasme des collaborateurs parisiens et semble favoriser leur union. Doriot, qui préside alors le congrès de Villeurbanne, s'écrie : « Si

une guerre m'est sympathique, c'est bien celle-ci » et il se déclare prêt à endosser l'uniforme.

Au même moment, Deloncle, avec l'appui de Vichy, demande la création d'une légion des volontaires français contre le bolchevisme. Un comité central de la LVF, présidé par Deloncle, anonce l'événement le 7 juillet 1941. Mais Doriot affirme qu'il a été à l'origine du mouvement.

Le 18 juillet, au Vélodrome d'hiver, devant une foule considérable, les principaux chefs de la collaboration lancent un appel aux Français. Il y a là Boissel, Clementi, Costantini, Déat, Deloncle, Doriot. Mais l'union n'est qu'apparente et la période est marquée par la rivalité entre Déat et Doriot.

A) *Déat et le RNP*. — Déat, qui a l'appui d'Abetz, peut croire l'heure venue d'un grand parti de la collaboration, créé à partir du RNP. En effet Doriot, qui redoute l'hostilité tant d'Abetz que de Pucheu, ministre de l'Intérieur, décide de s'engager dans la LVF et doit quitter Paris : il est, dit-on « le premier parti de France ».

Mais le 27 août, lors d'une prise d'armes de la LVF dans une caserne de Versailles, Déat est blessé, en même temps que Laval et plus grièvement, par Paul Collette. Deloncle en profite pour noyauter le RNP, en accusant en sous-main Déat d'être resté un partisan du régime parlementaire.

Au début d'octobre les rapports entre les deux hommes se dégradent. Déat soupçonne Deloncle d'être pour quelque chose dans l'attentat contre lui et d'avoir supprimé une de ses secrétaires qui s'apprêtait à révéler sa culpabilité.

Il s'indigne aussi de sept attentats contre des synagogues que les hommes de Deloncle ont exécutés avec l'appui des SS et qui ont tué des civils français.

Le 12 octobre, c'est la rupture. Deloncle quitte le RNP pour se consacrer avec Fontenoy et Vanor au seul MSR, « la phalange des purs révolutionnaires nationaux rétifs à toute compromission ». Le mouvement a son journal, *la Révolution nationale*, dirigé par Fontenoy, mais il est traversé d'orages. Deloncle en est chassé en mai 1942 par un rival, l'ancien socialiste Soulès (1). Il entre au service de l'Abwehr et, comploteur impénitent, finit par être abattu par la police allemande.

Déat réorganise le RNP gravement touché par la scission. Débarrassé de Jean Goy, il accentue son effort vers les milieux ouvriers. Il exerce une influence certaine par ses éditoriaux de *l'Œuvre* et par le rôle de son parti dans des organisations parallèles : le Front social du travail, créé en 1941 par le socialiste Desphelippon, le Centre syndicaliste de propagande, où, avec Dumoulin, agissent les amis de Déat, Albertini et Lafaye, le Comité ouvrier de secours immédiat, mis sur pied en mars 1942, et qui fait campagne pour la Relève et le travail en Allemagne.

Mais Déat n'est pas appelé au ministère par Laval comme il pouvait l'escompter. Il ne parvient pas à créer un parti unique, un Front révolutionnaire national, par suite du refus de Doriot en novembre 1942.

B) *Doriot et le PPF.* — Doriot a salué la guerre à l'Est « comme le navigateur qui, après une nuit de tempête, salue l'aube » et, à l'inverse de nombreux chefs de la collaboration, il est effectivement parti pour le Front. Le PPF, qui a contracté une alliance solide le 2 septembre avec la Ligue française de Pierre Costantini, poursuit son action, en l'absence de son chef, avec Victor Barthélemy, Yvan Sicard, Vauquelin, Fossati. Il organise de grands meetings et obtient la reconnaissance du parti par l'occupant le 28 décembre.

Doriot, à son tour, est reçu à Vichy par Pétain (19 janvier). Le 1er février, il est acclamé au Vélodrome d'hiver par 13 000 personnes et son discours est diffusé à 100 000 exemplaires.

Il repart le 23 février et revient en avril. Avec l'appui d'Oberg il se pose en rival de Laval, obligeant celui-ci à s'engager plus avant aux côtés des Allemands. En mai, il précise ses ambitions : « Avec ce parti, je veux arriver au pouvoir et ce pouvoir nous n'entendons pas le partager. » Il multiplie les meetings dans les grandes villes de province — à Rennes il échappe à un attentat — et trouve des soutiens à Vichy auprès de Benoist-Méchin et de l'amiral Platon.

Le « Congrès du pouvoir » se réunit le 4 novembre au Gaumont-Palace. Devant 7 200 délégués Doriot s'écrie : « Nous

(1) Georges Soulès, plus connu sous son nom de romancier Raymond Abellio.

voulons faire de la France un pays totalitaire. » Il exalte le national-socialisme, la pureté de la race, la religion, car « l'homme a besoin de croire », le fédéralisme : une commission étudie le problème breton.

A l'issue du Congrès, le débarquement allié en Afrique se traduit par une motion réclamant la guerre à l'Angleterre et aux Etats-Unis, accompagnée de manifestations contre Laval. Mais les Allemands restent hostiles à Doriot. Ribbentrop écrit à Schleier, qui remplace Abetz, le 4 décembre : « Le Führer a encore une fois déclaré qu'il n'est aucunement question pour vous de considérer Doriot comme le futur chef du gouvernement. Laval est pour nous la personnalité que nous souhaitons. »

A la fin de 1942, le PPF piétine. On parle de sa dissolution, mais l'occupant s'y oppose, préférant le garder comme moyen de pression. Mais alors que Doriot repart pour le front en mars, il est supplanté par Darnand.

4. La collaboration militaire. — La LVF, créée dans l'enthousiasme par les collaborateurs parisiens, a eu des débuts prometteurs. Hitler en admit le principe tout en limitant les effectifs à 15 000 hommes et en imposant le port de l'uniforme allemand. Le gouvernement de Vichy, bien qu'il interdît le recrutement en zone Sud, l'encouragea, par Darlan d'abord dès août, puis par Pétain qui écrivit en novembre à son chef, le colonel Labonne :

« A la veille de vos prochains combats, je suis heureux de savoir que vous n'oubliez pas que vous détenez une part de notre honneur militaire. »

La presse parisienne salua le départ des premiers contingents. Brasillach écrivit dans *Je suis partout* :

« Ils sont vraiment partis comme partaient pour la première croisade ceux qu'enflammait la voix des frères prêcheurs et des guerriers illuminés par la foi. »

Mais il fallut vite déchanter. Le recrutement se faisait mal. De juin 1941 à mai 1943, 11 000 hommes environ se présentèrent, 6 500 furent incorporés. En février 1942, l'effectif comptait 113 officiers et 3 528 hommes constituant le 638ᵉ RI de la Wehrmacht, dont 2 300 en campagne. Même en comptant en plus « les Amis de la LVF », c'était peu.

Les principaux chefs, à l'exception de Doriot, Vanor et Clémenti, restèrent à Paris, ainsi que les intellectuels de la collaboration, l'élégant Luchaire qui se contentera de figurer au comité d'honneur de la LVF, ou encore Rebatet avouant : « Je ne veux pas demander un fusil. Ce ne serait qu'un geste puéril. Mais j'ai un porte-plume... »

Les légionnaires, transférés en Pologne au camp de Deba ou de Koruszyna, furent écrasés devant Moscou puis harcelés par les partisans au cours d'un terrible hiver. A partir de mars 1942, ils furent cantonnés à l'arrière, ils se signalèrent par des actes de pillage et des affrontements politiques où les doriotistes eurent le dessus.

La LVF rencontra dès l'été 1941 l'hostilité de la population. Les Allemands, qui la méprisaient, préférèrent, à partir de juillet 1942, recruter directement des Français pour les Waffen SS. Le gouvernement de Vichy s'efforça de la contrôler et de la neutraliser en créant en juillet 1942 la Légion tricolore.

Laval et le général Bridoux souhaitaient un recrutement élargi aux deux zones de soldats combattant sous l'uniforme français « contre le bolchevisme et ses alliés... partout où l'intérêt de la nation est en jeu ». Au Comité central, animé par Benoist-Méchin, devaient siéger les chefs de la collaboration parisienne et les représentants du service d'ordre légionnaire (créé en mai 1941), Darnand et Filliol. La Légion tricolore, commandée par le colonel Puaud, se heurta au refus de la Wehrmacht le 17 septembre.

Au début de 1943 elle fut dissoute et ses membres versés dans la LVF reconnue d'utilité publique (11 février). La LVF réorganisée poursuivit le combat : elle eut 400 tués et 800 blessés.

Après le débarquement de novembre, Laval obtint d'Hitler la création d'une Phalange africaine pour lutter en Tunisie contre les alliés. On espérait 10 000 hommes. Il n'y en eut que 450 recrutés par le colonel Cristofini et le lieutenant Charbonneau, un journaliste baroudeur, par ailleurs neveu de Darnand. Ils furent rapidement mis hors de combat.

A la fin de 1942, à Paris comme à Vichy, la collaboration apparaît de plus en plus comme une duperie. Ainsi achève de se dissiper « la mensongère fiction d'indépendance dont ce régime s'était couvert pour justifier sa capitulation et tromper tant de bons Français » (de Gaulle).

CHAPITRE V

L'AGONIE DE LA COLLABORATION 1943-1944

L'Etat français a perdu tous ses atouts et, sous une apparence de souveraineté, il n'est plus qu'un satellite du Reich, soumis à une exploitation de plus en plus rigoureuse. La collaboration débouche sur l'asservissement.

I. — Un pays asservi

Au début de 1943, le gouvernement de Vichy tente de maintenir la fiction d'un Etat indépendant. Mais le conflit est entré dans une phase décisive et l'heure n'est plus aux ménagements.

Hitler proclame la guerre totale le 13 janvier et il impose le service obligatoire du travail. Au même moment, l'armée allemande subit un échec grave en capitulant à Stalingrad. Les Alliés, de leur côté, à la Conférence de Casablanca, décident d'imposer à l'Allemagne une capitulation sans conditions.

1. **Laval et le STO.** — Laval croit toujours à la solidité de l'ordre nouveau. Il voudrait négocier un large accord avec l'Allemagne, récupérer une flotte et une armée, participer effectivement à la défense de l'Europe.

Il n'obtient que des concessions minimes. La ligne de démarcation est supprimée, les départements du

Nord et du Pas-de-Calais rattachés à l'administration de Paris, des prisonniers de guerre sont transformés en travailleurs libres, un premier régiment de France de 2 800 hommes est mis sur pied après bien des discussions.

Mais surtout très vite Laval se heurte une nouvelle fois à Sauckel. Celui-ci exige 250 000 travailleurs pour le 15 mars. Laval, le 14 janvier, accepte d'exécuter l'ordre allemand. Pour cela il doit instituer le 16 février le Service du Travail obligatoire pour les jeunes gens nés en 1920, 1921, 1922, la durée du STO étant fixée à deux ans. Des circulaires fixent les modalités de recensement sous le contrôle des préfets.

Pendant le premier trimestre 1943, 160 000 spécialistes et 90 000 ouvriers rejoignent l'Allemagne. Mais aussitôt Sauckel réclame 220 000 hommes pour juin et il en obtient 170 000. En août, il formule une nouvelle demande de 500 000 hommes. Laval refuse et, à partir du 16 octobre, les départs sont suspendus.

Laval, qui constate les résistances au STO, promet en échange d'accroître la production des entreprises travaillant en France pour le Reich. Bichelonne, ministre de la Production, négocie avec l'Allemand Speer, ministre de l'Armement, pour dispenser du STO les ouvriers français des entreprises S. Betriebe, qui travaillent pour 80 % au moins pour l'Allemagne. Il s'agit de 3 300 entreprises employant 723 000 ouvriers.

Le STO est mal accepté par le pays. De nombreux jeunes gagnent les maquis ou se cachent. Des travailleurs français en Allemagne regagnent la France et il faut en septembre supprimer les permissions. Les effectifs sont très inférieurs aux prévisions : 58 000 départs seulement de juillet à décembre.

Laval s'irrite, déclare qu'il « fera le bonheur des

Français malgré eux », proteste auprès des Allemands de sa bonne volonté. Et il est vrai qu'à la fin de 1943, 3,6 millions de Français travaillent directement pour l'Allemagne : 40 000 volontaires, 650 000 STO, 900 000 prisonniers (dont une partie en travailleurs libres), un million dans les R. Betriebe (1), par exemple les fortifications de l'Org. Todt, un million dans les S. Betriebe.

2. **Pétain et les illusions perdues.** — Pétain, redoutant un succès de l'URSS et la diffusion du bolchevisme, soucieux d'éviter que la France ne redevienne un champ de bataille, souhaite une paix de compromis entre l'Allemagne et les Etats-Unis.

Il confirme aux représentants allemands à Vichy, le général von Neubronn et le consul Krug von Nidda, sa volonté de jouer un rôle de médiateur.

Les événements d'Afrique du Nord lui permettent d'espérer un accueil favorable des Etats-Unis. A Alger en effet, avec Darlan d'abord, puis, après son assassinat le 24 décembre, avec Giraud, les autorités américaines ont maintenu en place les hommes et les lois de Vichy.

Mais pour avoir l'audience des Américains, Pétain doit se débarrasser de Laval, comme le lui suggèrent ses conseillers, Ménétrel, Romier, Jardel. Il fait donc sonder les Allemands par l'intermédiaire de Fonck. Le 23 avril une lettre de Ribbentrop lui fait savoir que « le gouvernement du Reich ne permettra pas le retour d'incidents analogues à ceux du 13 décembre 1940 » (2). Pétain doit s'incliner en réaffirmant son attachement à l'ordre nouveau.

Laval, fidèle à sa politique, arrive à Berchtesgaden

(1) Les Rustung-Betriebe travaillent exclusivement pour les Allemands.
(2) Et Hitler l'écrit lui-même ä Pétain le 28 avril.

le 30 avril pour négocier un large accord. Il n'obtient qu'un vague communiqué qui « reconnaît la place de la France en Europe ». En l'absence de concessions allemandes, sa position devient difficile. Il s'en plaint à von Neubronn : « Pourquoi ne nous avez-vous jamais aidés ? »

Averti des intrigues que de Brinon mène à Paris contre lui, Laval proclame une fois de plus publiquement sa foi dans la collaboration. Parlant le 5 juin devant les volontaires de la LVF, il déclare : « Si les Alliés l'emportaient, le monde anglo-saxon aurait aussitôt à se mesurer avec les Soviets et le résultat de cette lutte ne serait pas douteux : le bolchevisme s'installerait partout en Europe. »

A l'été, les exigences allemandes se font plus dures pour la répression policière, la déportation des Juifs, le travail en Allemagne. « Laval, constate-t-on à Berlin, est universellement détesté », mais on le considère toujours du côté allemand comme le plus apte à diriger le gouvernement français.

Pétain, par contre, juge que Laval n'est plus l'homme de la situation. Il souhaite prendre ses distances vis-à-vis de l'Allemagne. L'armée allemande subit de graves revers à l'Est. Les Alliés engagent la campagne d'Italie et Mussolini est renversé. Les Américains en Afrique du Nord acceptent le gouvernement de Gaulle. Le désordre grandit en France avec l'activité de la Résistance, les attentats, les sabotages, les intrigues des fascistes de Paris.

Pétain se propose d'annoncer aux Français l'élaboration d'une nouvelle constitution et le transfert du pouvoir constituant à l'Assemblée nationale. Il y est encouragé par une lettre de de Monzie, que signent 150 parlementaires, et qui constate :

« Où en êtes-vous, Monsieur le Maréchal?... L'unité nationale n'a désormais d'autre expression que cette même Assemblée nationale, dont vous avez reçu délégation provisoire. »

Le 13 novembre, Pétain se sépare de Laval. Il soumet son discours à Krug von Nidda qui alerte les autorités allemandes. Oberg réagit vivement. A la radio, au lieu de l'allocution du Maréchal censurée par les Allemands, les auditeurs entendent un air d'opérette.

Pétain se déclare alors dans l'impossibilité d'exercer ses fonctions. Les Allemands, qui craignent son départ, le font surveiller par le SS Skorzeny. Abetz lui remet une lettre sévère de Ribbentrop, rappelant que l'Assemblée nationale a déclaré la guerre à l'Allemagne, exigeant que désormais toutes les modifications de la loi soient soumises à son approbation, « qu'en outre M. Laval soit chargé de remanier sans délai le cabinet français dans un sens acceptable pour le gouvernement allemand, et garantissant la collaboration ».

Pétain songe à résister, mais on lui fait valoir que lui seul empêche la nomination d'un gauleiter à la tête du pays. Le 11 décembre, il confirme Laval dans ses fonctions, admet de nouveaux ministres qui aient la faveur des Allemands, à condition qu'ils ne lui aient pas manifesté d'hostilité dans le passé, ce qui vise surtout Déat. Il accepte de soumettre à l'occupant les modifications de la loi et d'accréditer auprès de lui un délégué diplomatique permanent, chargé de la surveiller, Renthe-Finck.

Les Allemands, en l'occurrence le général SS Oberg qui désormais agit en maître, fournissent une liste de personnalités dont ils exigent la démission. Il y a là des amis du Maréchal, Romier, Jardel, Bouthillier, et de hauts fonctionnaires comme Bousquet ou Darquier de Pellepoix.

Par contre, Hitler a exigé l'entrée au gouvernement de Darnand, Henriot et Déat. Après des hésitations Pétain accepte Darnand, chef de la Milice, comme secrétaire général au maintien de l'ordre (30 décembre) et Philippe Henriot à l'Information (10 janvier). Quant à Déat, qui avait rêvé d'être Premier Ministre, les Allemands le font nommer secrétaire d'Etat au Travail le 16 mars. Il ne viendra pas à Vichy.

Au printemps 1944, alors que se précise un prochain débarquement, que la France est soumise aux bombardements aériens et à des affrontements sanglants entre miliciens et résistants, le Maréchal conserve encore une popularité certaine. Il est autorisé à se rendre à Paris le 26 avril, où il est applaudi par une foule nombreuse massée sur la place de l'Hôtel-de-Ville.

Mais il n'est plus en mesure de s'opposer aux Allemands qui exigent de lui la condamnation publique de la Résistance. Le 28 avril on entend son message :

> « La prétendue libération est le plus trompeur des mirages auquel vous pourriez être tentés de céder... Français, quiconque parmi vous participe aux groupes de résistance compromet l'avenir du pays. »

Pourtant les Allemands se méfient de lui et lui assignent comme résidence le château de Voisins près de Rambouillet. Il y reçoit Déat qui a sollicité un entretien, puis Darnand qui justifie l'action de la Milice. Il visite Rouen, Nancy, Lyon et le 6 juin, jour du débarquement, Saint-Etienne d'où il regagne Vichy.

Le jour même un message de lui est diffusé. Von Rundstedt en a obtenu l'enregistrement dès le 17 mars. C'est un appel au calme : « N'écoutez pas ceux qui, cherchant à exploiter notre détresse, conduiraient le pays au désastre. » Et Laval ajoute : « La France n'est pas dans la guerre. » Attachement à une neutralité illusoire au moment où de Gaulle retrouve les accents du 18 juin : « C'est la bataille de France et c'est la bataille de la France... »

II. — Un Etat policier

1. **La Milice.** — De tous les groupements de la collaboration la Milice a laissé le souvenir le plus détestable. Elle s'est voulue au départ la chevalerie de l'ordre nouveau. Elle est devenue un instrument de guerre civile, une sorte de Gestapo française. Cette évolution est liée à celle de son chef, Joseph Darnand.

A) *Darnand et le SOL.* — Darnand, engagé volontaire en 1915, titulaire de plusieurs citations, quitte l'armée en 1921 et fonde à Nice une entreprise de transport. Attiré par les ligues, il milite à l'Action française, adhère aux Croix-de-Feu puis au PPF. Arrêté comme membre de la Cagoule en 1938, il dirige un corps franc en 1939 où il se signale par sa bravoure. Fait prisonnier, il s'évade et se voue au Maréchal et à la Révolution nationale.

Homme d'action, il dirige la Légion des Alpes-Maritimes, mais il voudrait animer un groupement plus homogène, plus actif : ce sera le SOL, service d'ordre légionnaire créé au printemps 1941.

Le SOL aspire à être la troupe d'élite de l'ordre nouveau. Un uniforme : béret basque, chemise kaki, une devise : « faire face »; un programme en 21 points rédigé par Bassompierre et Tissot; un serment de fidélité au maréchal Pétain.

Le SOL n'a alors aucune sympathie pour les Allemands. Ses objectifs sont la lutte contre le bolchevisme et la dissidence gaulliste, l'union des meilleurs pour la Révolution nationale.

A l'automne 1941, Darnand reçoit l'appui de l'amiral Darlan et du ministre de l'Intérieur, Pucheu. Il s'entend mal avec le chef de la Légion, Valentin, qu'il juge trop timoré. Aussi, le 12 janvier 1942, obtient-il que le SOL soit autonome au sein de la Légion.

Le 22 février, lors d'une manifestation de masse, à Nice, les volontaires prêtent serment. Darnand, nommé inspecteur général du SOL, organise son mouvement sur le modèle de l'armée avec des bureaux confiés à ses fidèles, Bassompierre, Gombert, Bance, des groupes de combat qui formeront en juin la Franc-Garde, des cadres choisis pour leurs affinités politiques, d'anciens ligueurs pour la plupart.

Le SOL constitue en zone Sud une armée sans armes qui multiplie les défilés, les actions de propagande, parfois aussi les brimades contre les opposants ou les tièdes.

Avec le retour de Laval, le gouvernement de Vichy songe à créer une légion tricolore destinée à remplacer la LVF. Darnand est chargé d'aller en Allemagne inspecter les légionnaires. Il en revient impressionné par la force allemande et tout acquis désormais à la collaboration.

Le SOL compte alors plusieurs milliers de militants résolus. Laval qui contrôle la Légion depuis que Lachal, son ami, a remplacé Valentin, se rapproche de Darnand.

Celui-ci est d'abord déçu par la faible réaction de Vichy lors du débarquement des Anglo-Américains en Afrique du Nord et par les intrigues de Darlan. Il est rassuré lorsque Pétain prend clairement position contre les Alliés. En Tunisie, le SOL et le PPF font cause commune dans la Phalange africaine.

Darnand pense alors que le SOL sera le noyau du parti unique qui n'a encore pu être réalisé jusque-là.

B) *L'organisation de la Milice.* — Laval ne veut pas du parti unique et il se méfie des groupements parisiens. Il voit par contre dans le SOL une organisation structurée dont il pourra s'assurer le contrôle. Ce sera en outre cette police supplétive que le Führer lui a demandé de créer lors de l'entrevue du 19 décembre.

La Milice française est fondée à Vichy le 30 janvier 1943, sous le patronage de Laval, Abel Bonnard, Marion et de l'amiral Platon. Darnand parle clair : « Notre volonté est de voir s'instaurer en France un régime autoritaire, national et socialiste, permettant à la France de s'intégrer dans l'Europe de demain. »

Les tâches sont celles des SS en Allemagne : vigilance, propagande, sécurité.

La Milice bénéficie dès le départ de l'appui de Pétain qui a beaucoup d'estime pour le combattant valeureux qu'est Darnand. Elle est déclarée d'utilité publique.

Le chef de l'Etat précise en avril : « La Milice doit être investie de toutes les missions d'avant-garde, notamment celles relatives au maintien de l'ordre, à la garde des points sensibles, à la lutte contre le communisme. » Il ajoute, comme s'il pressentait les excès : « Evitez l'esprit partisan et les représailles inutiles, sources de conflits et de vengeance. »

La Milice rassemble des hommes et des femmes qui participent à des actions de propagande, des défilés, des meetings ou à des œuvres sociales comme la lutte contre le marché noir. Elle a pour insigne le gamma, signe du bélier, symbole de la force et du renouveau.

Mais dès l'origine la Milice est divisée. Les uns la considèrent comme une formation militaire, le noyau d'une nouvelle armée même si les armes manquent encore. C'est le cas des officiers maurrassiens à l'esprit cavalier, Bernonville, Vaugelas, Bourmont.

D'autres la voient comme le grand parti fasciste qui manque à la collaboration. Ce sont des propagandistes comme Gallet, Bout de l'An, Tissot ou Charbonneau, qui dirige le journal de la Milice, *Combats*. Philippe Henriot apporte le concours de son éloquence à partir de mars 1943.

D'autres enfin sont des policiers comme Gombert qui dirige le service de sécurité, Degans, Filliol, Lécussan. Leur rôle grandit avec le renouvellement en avril des accords Bousquet-Oberg.

Le fer de lance est, à partir de juin, la Franc-Garde qui comptera 2 000 permanents et 3 000 bénévoles. L'école de cadres d'Uriage, dont les élèves sont passés au maquis, est disponible pour la formation des miliciens sous la direction de La Noue du Vair, puis de Vaugelas.

La Milice a son premier tué le 24 avril à Marseille. Darnand réclame des armes à Laval qui se montre maintenant réticent. Découragé, il démissionne, mais Pétain le retient. Il songe alors à prendre contact avec la Résistance, il envoie Bance à Genève auprès du colonel Groussard, il fait des offres au BCRA, mais sa démarche n'aboutit pas. Il ne changera pas de camp.

Il est vrai que l'exemple de Pucheu, qui a gagné Alger sur des assurances de Giraud et qui a été arrêté, en attendant d'être fusillé, n'est pas encourageant.

Le 9 juin, Darnand vient présenter la Milice à Paris,

salle Wagram. L'attitude très réservée des fascistes parisiens lui montre son isolement.

Il accepte alors une invitation du chef de la Waffen ss Gottlob Berger. Celui-ci veut créer une troupe d'élite de l'Europe nouvelle. Il obtient de Laval le 22 juillet l'autorisation de recruter en France. Il n'a aucune peine à convaincre Darnand qui revient de Berlin, assuré que désormais la Milice sera soutenue et armée par l'Allemagne. Bientôt, deux cents miliciens partent pour le front de l'Est.

Darnand doit rester en France, mais les Allemands lui offrent le grade de lieutenant dans la Waffen ss. En août, à l'ambassade d'Allemagne, il prête serment à Adolf Hitler. Le chef de la Milice française devient ainsi officier ss.

Darnand, dont l'ambition grandit, prend alors résolument parti contre le gouvernement de Vichy dont il dénonce la passivité. Le 17 septembre, il signe avec Déat, Luchaire, Guilbaud et Tissot, le « plan de redressement français », adressé à Hitler. Le document souligne la gravité de la situation et les progrès de la Résistance : « Il n'y a peut-être pas 50 000 Français qui soient décidés à risquer leur vie et leurs biens pour la collaboration. »

Il faut donc « exercer sur Vichy la pression immédiate et suffisante pour qu'au gouvernement français succède, sans délai, toujours sous la direction du président Laval, un gouvernement collaborationniste qui construira le parti unique de la révolution et une milice unique ».

Les dirigeants du Reich vont tenir compte de ces suggestions lors de la crise qui les oppose au Maréchal à la fin de 1943. Ils savent qu'ils peuvent compter sur la Milice et sur Darnand qui déclare à Nice le

28 novembre : « Nous sommes fiers de dire que nous allons nous battre aux côtés des Allemands. C'est une question de vie ou de mort. »

Le 19 décembre, au Vélodrome d'hiver, Darnand parle avec autorité dans le cadre du Front uni des révolutionnaires européens, avec Déat, Henriot, Hérold-Paquis. Le 30, à la demande des Allemands, il remplace Bousquet et est nommé secrétaire général au Maintien de l'Ordre. La Milice devient la garde prétorienne du régime.

C) *Le temps de la terreur.* — Laval n'a pas choisi Darnand, mais il a besoin de lui. Le 5 janvier, il déclare aux chefs de la Milice : « La démocratie, c'est l'antichambre du bolchevisme... Je marche en plein accord, en total accord avec Darnand. » Or, le 7 janvier, dans *Je suis partout*, Darnand lance une véritable déclaration de guerre à la Résistance : « Nous nous sommes organisés pour la lutte... Nous poursuivrons sans faiblesse nos justes représailles. »

Le 10 janvier un décret donne à Darnand pleine autorité sur toutes les forces de l'ordre. Les Allemands autorisent l'extension de la Milice en zone Nord. Darnand y délègue Gaucher et Knipping.

Le recrutement est difficile car les militants de Déat, Doriot, Bucard, tiennent à leur autonomie. Knipping, pour arriver à un effectif d'environ 4 000 hommes, doit accepter des éléments troubles et indisciplinés.

La Milice commence à faire parler d'elle. Aux attentats de la Résistance elle a répliqué par des représailles sanglantes comme à Annecy et à Grenoble, ainsi que par des assassinats politiques comme celui de Maurice Sarraut à Toulouse et de Victor Basch à Lyon.

Pétain garde sa confiance à Darnand. Il le reçoit à plusieurs reprises au début de 1944 et le félicite pour son action. Faisant allusion aux mutineries de 1917, il lui dit : « Vous faites ce que j'ai fait. »

Le gouvernement est donc amené à fermer les yeux sur les exactions de la Milice dont les chefs pratiquent sans contrôle le pillage, la torture, l'assassinat.

C'est le cas de Di Costanzo en Bretagne, de Lecussan à Lyon, de Filliol à Clermont, de Tommasi à Vichy.

Parallèlement fonctionnent des cours martiales créées le 20 janvier par Laval et le garde des sceaux Gabolde. Il s'agit de juridictions exceptionnelles siégeant sans avocat et sans recours en cas de « flagrant délit d'activité terroriste », notion interprétée de façon très extensive. Plus de 200 condamnations à mort sont ainsi prononcées au mépris de tout droit.

La Franc-Garde intervient aux côtés des Allemands contre le maquis des Glières. Darnand espérait ainsi montrer à l'occupant que le gouvernement avait les moyens de maintenir l'ordre. En fait l'assaut fut donné par les Allemands et les miliciens servirent de force d'appoint notamment pour la chasse aux maquisards.

Après le débarquement Darnand, nommé secrétaire d'Etat à l'Intérieur le 13 juin, mobilise la Milice. Les effectifs sont limités, environ 5 000 hommes. Les chefs, Vaugelas, Dagostini, Bernonville, Bourmont, conduisent des opérations dans le Limousin, en Bourgogne, dans le Vercors.

L'été 1944 est jalonné d'arrestations, de déportations, de représailles. Le 20 juin, Jean Zay, ancien ministre de Léon Blum, est enlevé de la prison de Riom et assassiné par des miliciens. Le 28 juin, c'est Philippe Henriot, « l'homme à la voix d'or » qui est abattu par des résistants au ministère de l'Information.

Le 7 juillet, Georges Mandel est tué par des miliciens avec l'accord de Knipping qui écrit à Bout de l'An : « Ne pas agir dans cette affaire aurait eu pour conséquence de nous faire perdre entièrement la confiance des ss. »

Le 6 août Pétain se décide enfin à condamner « l'action néfaste de la Milice ». Il lui reproche ses affrontements avec la police officielle, ses collusions avec la Gestapo, ses procédés sanglants. Darnand surpris par ce réquisitoire tardif, réplique justement : « On aurait pu s'y prendre plus tôt. »

2. **La lutte anti-juive.** — La situation des Juifs fut encore aggravée après l'occupation de la zone Sud, à l'exception des départements concédés aux Italiens à l'est du Rhône. Le 10 décembre 1942, Hitler ordonna l'arrestation et la déportation de tous les Juifs et autres ennemis de l'Allemagne. Les responsables allemands, Röthke, Hagen, Lischka, Knochen, exigèrent de Vichy l'évacuation des Juifs des départements côtiers, l'internement des Juifs étrangers, le regroupement des Juifs français.

A partir de février 1943, Eichmann obtint des moyens suffisants pour reprendre les déportations. Des rafles massives de Juifs étrangers furent organisées avec le concours de la police française. Bousquet cependant freina le mouvement et Röthke constata avec dépit en mars que, malgré l'intervention directe de la Gestapo et de la Milice, 49 000 Juifs seulement avaient été déportés. En mai le ss Brunner fut envoyé au camp de Drancy pour accélérer les départs vers l'Allemagne. Le nombre des convois s'éleva brusquement : 19 pour 1941, 104 pour 1942, 257 pour 1943, 326 du 1er janvier au 25 août 1944.

Pendant ce temps le Commissariat aux questions juives, dirigé par Darquier de Pellepoix, se consacrait à l'aryanisation, source de profit sur les biens juifs et à la propagande antisémite, orchestrée par Montandon, Laville, Vacher de Lapouge. Il avait sa police, la section d'enquête et de contrôle, animée par Antignac. Mais Darquier, malgré sa servilité, était méprisé par les Allemands.

A l'été 1943, les responsables de la solution finale, soucieux d'augmenter le nombre des déportés, proposèrent l'annulation des naturalisations survenues depuis 1927. Laval marchanda, proposa la date de 1933, puis refusa en invoquant les objections de Pétain. Il semble que Vichy ait été sensible aux réactions de l'opinion française, aux démarches des Eglises, à la réprobation des Etats-Unis. Röthke en conclut le 14 août : « Le gouvernement français ne veut plus marcher avec nous dans la question juive. »

D'autres épreuves attendaient les Juifs dans la zone d'occupation italienne. Ils avaient été protégés par l'inspecteur Lospinoso et les organisations juives du banquier Donati. Mais en septembre les Allemands envahirent la zone et, aidés de militants PPF, se livrèrent à la chasse aux Juifs.

La persécution se poursuivit en 1944. La police française se montrait de plus en plus réticente, ce qui obligeait les SS et la Milice à intervenir directement. Le nombre des déportations, qui avaient atteint 42 500 en 1942, tomba à 22 000 en 1943 et à 12 500 pour 1944. Mais les rafles furent brutales et touchèrent des Juifs français.

Le Commissariat, confié à Du Paty de Clam puis à Antignac, déploya une activité fiévreuse, exigeant des préfets le recensement des Juifs, préparant une législation plus rigoureuse. L'antisémitisme était en honneur à la radio avec les éditoriaux de Philippe Henriot, puis de Vallat et de Marion.

Le gouvernement de Vichy contribua ainsi à la déportation de 76 000 Juifs dont environ 2 500 ont survécu. Il est établi qu'il savait parfaitement, au moins à partir de l'été 1942, qu'il les envoyait vers un affreux destin.

3. **La Gestapo française.** — Les SS s'étaient assuré le concours de la police française par les accords Bousquet-Oberg de juillet 1942 renouvelés en avril 1943. L'occupation de la zone Sud accrut la pression allemande. C'est ainsi qu'à la suite d'un attentat et sur décision du Führer, la police contribua avec les Allemands à la destruction du Vieux Port de Marseille et à l'expulsion des habitants le 24 janvier 1943.

Mais avec le STO et le développement de la Résistance, la police française se montra moins docile. Oberg fit sur elle un rapport très critique en août 1943. Et il est vrai que sur 44 000 arrestations dans l'année, 9 000 seulement furent opérées par des Français.

C'est pour disposer d'une force de répression toute acquise à sa cause que le SD décida en novembre 1943 la création de groupes d'auto-protection *(Selbstschutz)* recrutés parmi les militants des partis de la collaboration. C'est dans le même esprit qu'il fournit des armes à la Milice et qu'il exigea la nomination de Darnand à la tête de toutes les forces de l'ordre françaises.

Mais très tôt les services de police allemands qui ne disposaient que d'effectifs réduits, 2 500 hommes environ, recrutèrent des auxiliaires français.

L'Abwehr engagea pour le renseignement et le contre-espionnage des agents, et cela avant même 1940. Ils passèrent ensuite au service du SD, et principalement du bureau IV dirigé par Boemelburg. Plusieurs milliers de Français participèrent activement à la chasse aux résistants pour le compte des Allemands.

Ainsi, Christian Masuy, d'origine belge, camoufla son activité en montant trois bureaux d'achat à Paris. Dans l'un d'eux, avenue Henri-Martin, il arrachait des aveux et des noms en soumettant ses victimes au supplice de la baignoire. Avec ses complices, il démantela le réseau du colonel Rémy, la « Confrérie Notre-Dame ».

Martin, dit Rudy de Mérode, tout en se livrant au trafic d'or, mit son équipe de truands et ses bureaux de Neuilly au service du SD. C'est également dans le « milieu » que l'Allemand Berger recruta les tortionnaires de la rue de la Pompe.

Mais le plus connu fut Henri Chamberlin, dit Lafont, enfant trouvé, petit malfrat entré en 1940 au service de l'Abwehr, qui avec sa bande de repris de justice, comme Abel Danos, dit le Mammouth, et avec l'ancien policier Bonny, révoqué en 1937 et avide de revanche, forma la Gestapo de la rue Lauriston. M. Henri, à l'aise dans le trafic d'influence et les jeux d'argent, aimait à recevoir le Tout-Paris, pendant que sa bande arrêtait, torturait, éliminait des réseaux comme « Défense de la France ».

A Marseille, où la Gestapo comptait plus de 1 000 agents, les truands Carbone et Spirito fournissaient aux Allemands des indicateurs et des hommes de main. Ils étaient 300 à Saint-Etienne, 200 à Lyon au service de Klaus Barbie, qui arrêta Jean Moulin.

Les Allemands utilisèrent aussi des résistants « retournés », qui, par cupidité ou par faiblesse, trahirent leurs compagnons. Ainsi, Devillers passa au service de l'Abwehr et dénonça plusieurs membres du réseau « Combat » en 1942. Jean-Paul Lien reçut la Croix de Fer et une somme importante pour avoir permis le démantèlement du réseau « Alliance ». Mathilde Carré, la Chatte, tomba dans les griffes d'Hugo Bleicher qui, grâce à elle, intoxiqua les services secrets anglais.

Parmi les auxiliaires de la Gestapo il y avait aussi des aventuriers comme ceux de la Milice Perrot en Bretagne ou de la brigade nord-africaine de Villaplana, des gagne-petit en quête d'emploi, des jeunes du type « Lacombe Lucien », comme Pierre Paoli, petit employé berrichon gagné à la cause allemande, ou Jacques Vasseur à Angers.

Les Allemands n'étaient pas très exigeants pour ce personnel d'appoint pourvu qu'il fût efficace car, sans cet appui des Français, ils n'auraient pu mener à bien leurs tâches de répression.

III. — Une issue désastreuse

1. La fin de Vichy. — Après le débarquement et devant l'avance des alliés, le gouvernement de Vichy est totalement débordé. Les Allemands, harcelés par la Résistance, répliquent par des massacres comme à Tulle et à Oradour. Les ultras, qui n'ont plus confiance dans Laval, jugent le moment venu d'accéder au pouvoir.

Le 9 juillet, l'amiral Platon remet à Pétain une « Déclaration commune sur la situation politique » signée par quatre ministres, Déat, Bichelonne, Brinon, Bonnard, et par une trentaine de personnalités dont Doriot, Platon, Luchaire. Elle dénonce « l'impuissance des pouvoirs publics » et demande l'entrée au gouvernement d' « éléments indiscutables ».

Le 12 juillet, au Conseil des Ministres, Laval contre-attaque. Il défend la politique prudente du gouvernement depuis le débarquement et obtient la rétractation de ses adversaires.

Pétain et Laval, devant l'avance rapide des Alliés, songent alors à assurer la transmission légale du pouvoir.

Pétain charge l'amiral Auphan de prendre contact avec de Gaulle à l'effet de trouver « une solution de nature à empêcher la guerre civile et à réconcilier tous les Français de bonne foi ».

De Gaulle ne répond pas. Il note dans ses *Mémoires :*

« Ainsi, dans l'anéantissement de Vichy, Philippe Pétain se tourne vers Charles de Gaulle. Voilà donc le terme de cette affreuse série d'abandons où, sous prétexte de « sauver les meubles », on accepta la servitude. »

Laval, de son côté, envisage de faire libérer Herriot, président de l'Assemblée nationale de 1940 pour qu'il convoque celle-ci, ce qui mettrait de Gaulle devant le fait accompli. Grâce à l'appui d'Abetz il se rend à Nancy, libère Herriot, et le ramène à Paris le 12 août.

Mais Herriot tergiverse. Il réclame la présence de Jeanneney, président du Sénat. Déat et Brinon, hostiles à Laval, alertent Oberg qui fait arrêter Herriot et exige le départ de Laval pour Belfort. Laval s'incline, mais cesse d'exercer ses fonctions de chef de gouvernement le 18 août.

Au même moment, à Vichy, Renthe-Finck transmet à Pétain l'ordre du gouvernement allemand de transférer sa résidence dans l'Est. Pétain refuse d'abord de quitter Vichy, mais il y est contraint le 20 août par le général von Neubronn. En présence du nonce et du ministre de Suisse, Stucki, il déclare : « J'élève une protestation solennelle contre cet acte de force qui me place dans l'impossibilité d'exercer mes prérogatives de chef de l'Etat français. »

Le 27 août, alors que les FFI s'emparent de Vichy, le général de Gaulle entre dans Paris libéré où, déniant toute réalité au gouvernement du Maréchal, il affirme à Georges Bidault : « La République n'a jamais cessé d'exister. »

2. **La débandade des ultras.** — La collaboration parisienne, dressée contre Vichy, rejetée par le pays, méprisée par l'occupant, est à partir de la fin 1943 plus isolée et plus déchirée que jamais.

La presse, où le trust Hibbelen s'est taillé la part du lion, et qui est étroitement soumise à la censure allemande, préconise l'alignement sur le national-socialisme. Elle salue l'entrée au gouvernement de Darnand, d'Henriot, de Déat, et elle exalte les miliciens qui « comme les soldats de l'an II, forgeront une nouvelle France » *(le Matin)*.

Un nouvel hebdomadaire, *Germinal*, est créé en avril 1944. Il a pour but d'attacher la gauche socialiste à la collaboration et ses rédacteurs ne manquent pas de talent (Rives, Jamet, Challaye, Emery). De son côté, *Je suis partout*, dont l'équipe assure : « Nous ne sommes pas des dégonflés », affirme jusqu'au dernier numéro, celui du 17 août, sa certitude de la victoire.

Pourtant bien des intellectuels de la collaboration sentent que leur cause est perdue.

Drieu La Rochelle a été l'un des premiers désenchantés : « Peu de fascisme en France, dit-il, parce que peu de vie. » Il revient au PPF, mais sans illusion. « L'Allemagne est foutue », constate-t-il dès novembre 1942. Au début de 1944 il est de plus en plus amer : « Pauvre Europe, tu t'en vas aux quatre vents de ton désastre, vent asiatique, vent slave, vent juif et vent américain. » Il tente de se suicider en août 1944, en réchappe, se cache, et finalement se tue en mars 1945, en avouant : « Oui, je suis un traître. Oui, j'ai été d'intelligence avec l'ennemi... Nous avons joué, j'ai perdu. Je réclame la mort. »

Brasillach se brouille avec l'équipe de *Je suis partout*, avec Lesca et Cousteau, qui le traitent de « fasciste en peau de lapin ». C'est qu'il refuse l'alignement complet sur l'Allemagne : « Je crains fort, dit-il, que de prétendus nationaux ne se dénationalisent chaque jour. »

Il reste cependant fidèle à son engagement. Il écrit en février 1944 : « J'ai contracté, me semble-t-il, une liaison avec le génie allemand... Les Français de quelque réflexion auront plus ou moins couché avec l'Allemagne non sans querelle et le souvenir leur en restera doux. » Il reste à Paris, se livre, est jugé et fusillé en février 1945.

Céline se retrouve à Sigmaringen avec Rebatet, Lesca, Laubreaux, Cousteau, Châteaubriant, Luchaire, Hérold-Paquis. Mais ballotté « d'un château à l'autre », écœuré par le petit monde de l'émigration, Céline gagne la Norvège en mars 1945, sans illusion sur le sort de ses compagnons : « Valsez, fantoches, à la ballade des fusillés... Je m'en vais au pays des lacs. »

Même Rebatet, l'auteur fulgurant des *Décombres*, perd pied aux obsèques de Doriot, avouant à Hérold-Paquis : « Tout est foutu, mon vieux... Moi, je ne crois plus à rien, ni à une idée, ni à un homme, ni à la guerre. »

3. **La retraite des maudits.** — La collaboration militaire s'est étendue en 1943, année qui marque une deuxième vague de collaboration. De nombreux jeunes Français ont alors porté l'uniforme allemand.

La LVF, sous le commandement du colonel Puaud, est réduite à la lutte contre les partisans à l'arrière du front. Minée par l'indiscipline et les rivalités internes, elle est frappée par l'offensive russe en juin 1944 et mise en déroute non loin de la Bérézina.

Pendant ce temps, dès l'été 1942, des volontaires français se sont engagés dans le NSKK, ou corps motorisé national-socialiste, puis avec l'autorisation de Laval en juillet 1943 dans les Waffen SS. Ceux-ci, au nombre de 2 000, suivent un entraînement très dur au camp de Cernay, avant de former la 7e brigade d'assaut « Frankreich », où on retrouve les chefs miliciens Bance, Fernet, Tissot.

En 1944, des Français servent dans la Kriegsmarine, dans la FLAK (artillerie antiaérienne), dans des commandos de l'Abwehr (la Brandebourg), dans les services de sécurité de l'Org. Todt et la Brigade Speer, chargés de la défense des fortifications.

A la fin d'août 1944, après les défaites de Galicie, les Allemands décident la fusion dans une brigade de Waffen SS — la future division Charlemagne — de tous les Français servant dans les forces du Reich. Le chef en est le colonel Puaud, contrôlé en fait par le général Krukenberg.

Sept mille hommes sont concernés, mais la fusion ne s'opère pas sans réticences de la part de la LVF, qui accepte mal d'être dissoute, et de la Milice, qui a réussi, non sans difficultés, à passer en Allemagne.

La Milice a reçu de Darnand le 16 août l'ordre de repli sur Dijon et sur Nancy. Mais de nombreux miliciens ont été pris par les Résistants et exécutés à Nîmes, Toulouse, Grenoble, Annecy. Le repli des miliciens s'effectua au prix de durs combats. Darnand, pour assurer l'entretien de ses 6 000 miliciens et de leurs familles qui les avaient suivis, se fit remettre 300 millions par la Banque de France de Belfort.

Les miliciens furent d'abord rassemblés au camp de Struthof, puis réunis à Ulm où Darnand les reprit en main. Avec l'accord du général SS Berger et de Himmler il fut décidé que les miliciens iraient pour un tiers à la brigade Waffen SS en formation, pour un tiers à une unité de Franc-Garde engagée contre les partisans en Italie du Nord, pour un tiers enfin dans des formations de travail.

Darnand, aidé de Charbonneau, Bout de l'An, Bassompierre, justifia l'engagement des meilleurs, 2 000 hommes environ, dans la brigade Charlemagne formée au camp de Wildflecken. Là, Krukenberg tenta d'amalgamer un ensemble disparate où la politique ne cessait d'entretenir des conflits dérisoires entre légionnaires de Doriot et miliciens de Darnand.

A la fin février 1945, les 5 000 hommes de la « Charlemagne » sont lancés en Poméranie, par un froid glacial, face à plusieurs armées soviétiques qui déferlent vers la Baltique. Le 57e (Bourmont, Fernet, Bassompierre) et le 58e régiments (Raybaud) sont écrasés à Belgard. Les derniers rescapés se retrouvent à Berlin où ils défendent le bunker dans lequel Hitler se suicide le 30 avril. Pendant ce temps, Darnand a rejoint le bataillon Carus en Italie où, après le combat de Tirano (24 avril), il est fait prisonnier avant d'être ramené en France et jugé.

4. **L'épilogue.** — A la fin d'août 1944, Pétain et Laval sont à Belfort où Darnand rassemble ses miliciens, tandis que Déat, Doriot, Brinon, Luchaire, ont pris contact à Nancy avec les autorités allemandes dans l'espoir de former un nouveau gouvernement.

Pétain se considère comme prisonnier et Laval refuse de se rendre à une invitation d'Hitler, à son quartier général. Il charge Marion d'accompagner Déat, Brinon, Darnand, qui sont reçus, ainsi que Doriot, par le Führer le 1er septembre.

Brinon fait ses offres de service et organise une Commission gouvernementale dont font partie Bridoux, Déat, Darnand, Luchaire et que Pétain s'empresse de désavouer.

A partir du 8 septembre, les exilés se retrouvent à Sigmaringen. Le Maréchal s'installe dans le vaste château des Hohenzollern avec ses familiers (Ménétrel, Debeney), ses ex-ministres, dont les uns sont passifs, tels Laval, Bichelonne, Bonnard, Gabolde, Marion, et dont les autres, Déat, Brinon, Bridoux, Darnand déploient une activité brouillonne. Il y a là aussi des ultras comme Luchaire, Rebatet, Céline, des miliciens, des fuyards, plus de 1 100 personnes : c'est le « ballet de crabes » décrit par Céline.

L'action de Doriot a une autre allure. Avec l'appui du nazi Burckel, gauleiter de Lorraine, il regroupe à

Bad-Mergentheim l'état-major PPF : Barthélemy, Yvan-Sicard, Beaugras, Célor. Il organise des liaisons avec la France et lance le poste de Radio-patrie.

Il reçoit les encouragements d'Hitler, fonde au début de 1945 un Comité de Libération française et s'impose comme le véritable chef à Brinon, Darnand, Luchaire. Reste Déat qu'il doit rencontrer le 22 février.

C'est alors que sa voiture est mitraillée par des avions dans des conditions qui demeurent obscures. Doriot est tué et sa mort porte un coup très dur aux ultimes partisans de la collaboration.

Au printemps, c'est la débâcle. Pétain passe par la Suisse pour se rendre aux autorités françaises le 25 avril. Traduit en Haute Cour le 23 juillet, il est condamné à mort le 15 août, mais la peine est commuée en détention à vie. Laval, qui n'a pu obtenir l'asile en Suisse, est accueilli en Espagne, remis aux Alliés, jugé et exécuté le 15 octobre.

Dans l'été 1945, l'épuration s'organise. Les ministres de Vichy sont déférés en Haute Cour. Les collaborateurs sont traduits devant des cours de justice instituées par le gouvernement provisoire. Elles ont à traiter plus de 120 000 affaires. La répression est sévère. Parmi les condamnés à mort exécutés, on trouve Darnand, Brinon, Bucard, Luchaire, Brasillach, Suarez, Chack, Hérold-Paquis, Ferdonnet, Knipping, Bassompierre.

Plus heureux, les condamnés par contumace, et ceux qui trouvent asile à l'étranger comme Marcel Déat (1).

L'épuration, si on y englobe les exécutions sommaires, a suscité des rancœurs. Imparfaite comme toute justice humaine, elle était cependant inévitable.

(1) Marcel Déat réussit à mener une vie discrète et studieuse à Turin où il meurt en 1955.

CHAPITRE VI

LE PAYS FACE A LA COLLABORATION

L'attitude des Français en face de la collaboration est encore mal connue malgré de nombreuses études locales menées dans le cadre du Comité d'Histoire de la seconde guerre mondiale. Il ne peut donc être question ici que d'une mise au point provisoire esquissant une réponse aux trois questions : Qui collaborait ? Pourquoi ? Comment ? et précisant la place du phénomène collaboration dans la vie du pays.

I. — Les dimensions de la collaboration

1. **Les effectifs.** — Le nombre des militants, adhérant à des groupes politiques ou engagés au service de l'Allemagne, apparaît à l'évidence très faible. Le chiffre par département tourne autour de 1 000 pour les Alpes-Maritimes, le Var, la Haute-Savoie, de 750 pour la Côte-d'Or, de 500 pour le Loiret, de 400 pour l'Indre-et-Loire, de 250 pour le Doubs, de 150 pour la Mayenne.

C'est donc une infime minorité bien inférieure à 1 % qui fait profession de collaboration. Dans une ville de 100 000 habitants comme Dijon, M. Gounand a recensé 332 collaborateurs. La même proportion se retrouve dans les affaires de collaboration soumises aux tribunaux de l'épuration : 160 000, soit moins de 0,5 %.

En fait, la collaboration a été acceptée par une partie non négligeable du pays au début de l'occupation. En zone Sud notamment, l'influence du gouvernement de Vichy s'est exercée dans ce sens.

Mais à partir de 1942 la désaffection a été massive, comme l'a bien souligné de Gaulle : « Encore faudrait-il savoir ce qu'on appelle avoir suivi Vichy. Au début, c'était tout le monde. A la fin personne. »

L'immense majorité des Français, frappée par la défaite, s'est repliée dans l'attentisme et a refusé de choisir entre la résistance et la collaboration.

2. **Les catégories sociales.** — Les adhérents des partis, PPF, RNP, Ligue française, se recrutent surtout dans les milieux urbains (80 % pour la Côte-d'Or), les éléments jeunes (moins de 45 ans), les classes moyennes, artisans, commerçants, employés. Les ouvriers sont nombreux au PPF comme les fonctionnaires au RNP. Les notables, d'abord séduits, se retirent souvent à partir du printemps 1942.

La collaboration armée a une base plus populaire, même si sa direction est bourgeoise. A la LVF on trouve des employés, des ouvriers, des salariés agricoles, des immigrés, mais aussi des notaires, des avocats, le journaliste Marc Augier, le fils du général Bridoux, l'officier Bassompierre.

La Milice est formée d'éléments jeunes, d'origine modeste, ouvriers, employés, petits fonctionnaires (pour 70 % dans la Loire), avec un afflux croissant de marginaux. Mais l'encadrement est assuré par des officiers, des fils de famille, des notables bien-pensants.

3. **Les minorités nationales.** — La défaite de la République centralisatrice en 1940 suscita des espé-

rances dans les milieux autonomistes. Mais si l'on excepte l'Alsace-Lorraine, qui fut très tôt annexée au Reich, l'Allemagne se désintéressa des revendications des minorités. Elle préféra s'assurer la docilité de Vichy en acceptant à Montoire le maintien de l'unité française. Les minorités en furent réduites à une agitation sans portée.

A) *L'Alsace-Lorraine.* — L'Allemagne, outrepassant les conditions de l'armistice, s'appliqua dès l'été 1940 à éliminer toute influence française. Elle nomma deux gauleiters, Wagner et Bürckel, imposa la langue allemande et le serment de fidélité au Reich, expulsa les indésirables. En Alsace, Wagner fit appel à un partisan de longue date du rattachement à l'Allemagne, Robert Ernst, nommé commissaire allemand à Strasbourg.

C'est seulement au printemps 1941 que les éléments germanophiles se regroupent dans l'Opferring — le cercle du sacrifice — qui sert de base au recrutement de sections d'assaut. Chaque catégorie sociale est alors incitée à rejoindre l'organisation nazie correspondante.

Selon Wagner, 650 000 Alsaciens, soit plus de 60 %, sont ainsi ralliés, l'Opferring groupant 145 000 membres. En 1944, le parti nazi compterait 30 000 adhérents, les SA 15 600, les SS 2 600.

La propagande allemande est orchestrée par le ministre Meissner, né en Alsace, qui organise des manifestations de masse. Mais le pays n'est nullement ménagé.

Le service du travail est institué en juin 1941 et le service militaire obligatoire dans l'armée allemande le 25 août 1942. La citoyenneté allemande, jusque-là accordée avec parcimonie, est alors imposée aux Alsaciens, dont 160 000, les « Malgré nous », sont enrôlés de force.

Les collaborateurs convaincus, Ernst ou Spieser, ont de moins en moins d'audience. Quant aux autonomistes, ils sont déçus par l'intégration brutale au Reich (bien différente de celle de 1871), par la lutte du nazisme contre les Eglises et par la faible place laissée aux Alsaciens dans l'administration ou l'université.

C'est ainsi que les militants catholiques, Rossé, l'abbé Braun, sont écartés, tandis que les inculpés du procès de Nancy de 1939, Mourer, Bickler, Schall, sont confinés dans des postes subalternes (Kreisleiter).

B) *La Bretagne*. — Le régionalisme breton, d'abord affirmation culturelle (le *Bleun Brug* ou fleur de bruyère de l'abbé Perrot), avait pris un aspect politique avec le parti autonomiste breton (1927), la revue *Breiz Atao*, la recherche de l'appui allemand. Les chefs Debeauvais et Mordrel, inculpés au procès de Rennes (1939), pensaient tenir leur revanche en 1940.

Le 3 juillet, les séparatistes installaient à Pontivy un Conseil national breton, présidé par Debeauvais. Ils lançaient l'hebdomadaire *l'Heure bretonne* et constituaient un parti national dirigé par Mordrel. Mais l'occupant, après avoir encouragé le mouvement (le général Wayer à Rennes), s'opposait au projet d'Etat breton.

Le parti, dirigé par Delaporte, un jeune avocat de Châteaulin plutôt modéré, recruta ses militants en Bretagne centrale et dans le Morbihan, zones traditionalistes, parmi les paysans aisés, les artisans et les notables des bourgs.

Parallèlement se développait un régionalisme vichyssois, animé par Yann Fouéré, soutenu habilement par le préfet Quénette qui favorisait la langue bretonne, créait l'Institut celtique, soutenait la collaboration officielle.

Delaporte, pour se démarquer, fut amené à s'engager plus avant aux côtés des Allemands. Peu à peu le parti national se durcit, adoptant les thèmes nazis : racisme, culte du chef.

Le « Front breton » aurait compté, en 1942, 3 000 adhérents. Une minorité forme les sections d'assaut du Bagad Stourm conduites par Yann Goulet. Le mouvement trouve des appuis, comme celui de Doriot, mais en Bretagne il se heurte à la sourde hostilité de l'Eglise et des forces vives du pays.

A mesure que la Résistance développe ses actions (l'abbé Perrot est abattu en décembre 1943), les nationalistes se divisent. Lainé, un ancien terroriste du *Gwen ha Du* des années 30, supplante Delaporte et organise le Bezen Perrot, milice liée au SD allemand, et qui multiplie les exactions. Mordrel, qui a gagné l'Allemagne, rejoint Doriot et son éphémère Comité de Libération. A l'été 1944 une épuration sévère frappe les collaborateurs bretons.

C) *La Flandre.* — L'abbé Gantois, animateur de la Ligue flamande de France (le VVB), lance un appel à Hitler en 1940, espérant que le statut d'occupation particulier du Nord - Pas-de-Calais préfigure un Etat thiois, marche occidentale des Germains.

En 1941, Gantois dans *le Lion des Flandres* et André Cauvin dans *la Vie du Nord* développent la propagande antifrançaise. En 1943 est créé un Institut flamand.

Les militants, des intellectuels ou des notables catholiques des grandes villes, ne sont pas très nombreux. Isolés dans un pays hostile, où l'Eglise les combat, ils passent en 1944 aux SS et à la NSKK (le corps motorisé nazi).

D) *La Corse.* — Les partisans de l'Italie, tels Petru Rocca et le groupe de la Jeune Corse d'Ajaccio, ne parviennent pas à créer un mouvement en faveur du rattachement à la patrie fasciste. Il y a des collaborateurs en Corse, près de 500, mais au sein du PPF pro-allemand, de Sabiani.

Ainsi, partout la collaboration a été médiocrement alimentée par l'idée séparatiste.

II. — Les causes de la collaboration

1. **La passion.** — Les collaborateurs les plus engagés obéissent à des motivations simples qui remontent à l'avant-guerre. La sympathie pour l'Allemagne chez Brinon ou Châteaubriant, qui déclare : « L'Allemagne sait ce que veut la France. Elle le sait quelquefois mieux que la France elle-même. » L'attrait pour le fascisme pour Drieu, Brasillach, Rebatet. La revanche contre la République parlementaire et l'adhésion à l'ordre nouveau pour Laval ou pour Déat.

La volonté d'action pour Darnand dont de Gaulle dit : « A cet homme de main et de risque la collaboration était apparue comme une passionnante aventure, qui par là même justifiait toutes les audaces et tous les moyens. »

Il s'y ajoute la rancune contre l'Angleterre sensible chez Pétain, l'anticommunisme d'un Doriot, l'antisémitisme d'un Céline ou d'un Darquier.

Une partie de l'opinion, sensible à la propagande pro-allemande, participa aux meetings du Vél d'Hiv, aux conférences et aux expositions organisées par l'occupant. Certains vont plus loin en dénonçant les prisonniers évadés, les Juifs, les résistants.

Les dénonciations commencent très tôt : à Dijon dès le 18 juillet 1940. Elles inquiètent même les autorités : le préfet de l'Eure constate qu'elles créent une « atmosphère insupportable de suspicion » (1).

Par passion partisane, par haine du voisin, par souci d'être bien vu des puissants du jour, par cupidité quand il s'agit de dépouiller un Juif ou par simple désir de nuire, le dénonciateur se veut l'auxiliaire, anonyme ou déclaré, de la Wehrmacht puis de la Gestapo.

2. **L'acceptation.** — Elle est plus banale et naît de l'accablement de 1940. Gide écrit le 5 septembre : « Composer avec l'ennemi d'hier, ce n'est pas lâcheté, c'est sagesse et accepter l'inévitable » et Fabre-Luce parle d'une « collaboration de force majeure ».

Le rôle du maréchal Pétain est sur ce plan décisif. Le pays se résigne à pactiser avec l'occupant, par loyalisme à l'égard du gouvernement reconnu pour légitime, par attachement au vainqueur de Verdun, par espoir de meilleures conditions de vie, et aussi dans l'idée que Pétain joue double jeu et résiste à sa manière.

Le cas de l'Eglise catholique est significatif. Elle accueille avec joie le nouveau régime. Le cardinal Gerlier affirme : « Pétain c'est la France, et la France aujourd'hui c'est Pétain. » L'ordre moral, l'aide à

(1) « La France est bourrique, c'est plein la Kommandantur de personnes qui viennent dénoncer... au nom de la patrie toujours... donner le copain, la copine... Le fiel est roi. »

CÉLINE. *Les beaux draps*, 1941.

l'école libre, le corporatisme séduisent l'épiscopat et les défenseurs de la tradition comme l'abbé Bergey, chef de file des prêtres anciens combattants, ou le P. Panici, prédicateur de Notre-Dame.

Plus rares sont les partisans enthousiastes de la collaboration comme le cardinal Baudrillart qui salue la LVF, ou Mayol de Lupé qui s'y engage comme aumônier, le P. Gorce aux côtés de Doriot, et, pour les militants d'action catholique, Philippe Henriot.

L'évolution est d'ailleurs sensible à partir de 1942. L'Eglise, qui a accepté sans broncher la législation anti-juive et souvent cédé à l'antisémitisme, réagit en dénonçant la déportation et en aidant les persécutés.

Elle s'oppose avec plus de netteté encore au STO.

Mais par respect pour l'ordre établi, les autorités religieuses, à de rares exceptions, continuent jusqu'au bout à déconseiller la Résistance et à soutenir Pétain. Le décalage s'accentue ainsi entre la hiérarchie et les fidèles qui, de plus en plus, répudient la collaboration.

3. **L'intérêt.** — L'argent est au cœur de la collaboration. Il motive tous ceux qui trafiquent avec les Allemands et d'abord les affairistes de haut vol : le ferrailleur Joanovici, Michel Szkolnikoff, fournisseur en textiles des SS, qui amasse deux milliards de francs.

Parmi les collaborateurs, on trouve en nombre des professionnels qui profitent des affaires avec l'occupant : petits industriels, négociants du marché noir, patrons de restaurants ou de boîtes de nuit, commerçants de luxe. Et aussi les truands, auxiliaires de la Gestapo trafiquant sur l'or, les bijoux, les biens juifs.

La vie est ainsi facile pour Henri Lafont et ses amis, tel Georges Prade, conseiller de Paris et affairiste de longue date. Un Jean Luchaire, journaliste besogneux avant la guerre, arrive à gagner en 1944 150 000 F par mois (soit 100 fois plus qu'un ouvrier), et, en quatre ans, il dépense 7 millions.

L'argent explique aussi le développement de la prostitution, au point que des maires, comme celui de Dijon, s'en inquiètent. Il joue son rôle dans l'engagement à la LVF : un soldat y gagne 4 000 F et un officier plus de 10 000. Il peut aussi inciter le travailleur, malgré toutes les mises en garde, à se porter volontaire pour l'Allemagne, car un bon spécialiste y gagne 3 000 F et touche une prime d'engagement de 1 000 F.

Mais il n'y a pas que l'argent. Certains donnent des gages aux Allemands dans l'espoir d'obtenir un emploi, un logement, un laisser-passer. Fréquemment aussi, on attend de l'occupant, en échange de services signalés, la libération d'un prisonnier de guerre. C'est d'ailleurs ainsi que le général von Stulpnagel récompense deux familles qui lui ont fourni des renseignements sur l'attentat de Nantes.

On passe dans le camp allemand pour échapper à une condamnation, pour éviter le STO, parfois simplement par goût de l'action ou pour être quelqu'un, comme un Lacombe Lucien.

Il arrive que les occupants restent longtemps dans la même ville. Il se crée alors des relations, voire des amitiés. Celui qui reçoit un Allemand à sa table sera classé comme « collabo ». Des femmes françaises fréquentent des Allemands parce que l'amour ignore la guerre. Il serait né 80 000 enfants illégitimes de ces unions que l'on châtiera à la Libération.

Il y a ainsi, même si elle est l'exception, une collaboration quotidienne, qui est accoutumance et consentement à la présence allemande.

III. — Les modalités de la collaboration

1. **La défaillance des élites.** — Le régime de Vichy a bénéficié en 1940 du ralliement massif des notables et de Gaulle notait, parmi les premiers Résistants, « cette abstention presque générale des personnalités françaises ».

Les parlementaires, qui ont renié la République, attendent du nouveau régime des faveurs ministérielles, des postes de haut fonctionnaire ou d'ambassadeur. Les grands corps, Cour des comptes, Conseil d'Etat, Inspection des Finances servent Vichy avec zèle, et cette dernière lui fournit des responsables de haut rang, Bouthillier, Baudouin, Barnaud.

Les préfets, dont la plupart ont commencé leur carrière avant 1940, appliquent sans broncher la politique de Laval après 1942, c'est-à-dire la chasse aux Résistants, aux Juifs, aux réfractaires du STO. Les magistrats acceptent de prêter serment au Maréchal en août 1941 et certains se font nommer dans les tribunaux d'exception. Les technocrates mettent un point d'honneur à satisfaire les exigences allemandes, à l'image du ministre Bichelonne.

Certes un nombre croissant de personnalités, par conviction ou par prudence, choisissent la Résistance, surtout après 1942. Mais la plupart préfèrent poursuivre leur carrière en assurant Vichy de leur fidélité et en ménageant l'occupant.

L'intelligentsia, tout autant que la classe politique, est séduite par la collaboration. Il y a certes les écrivains et journalistes fascistes, notamment l'équipe de *Je suis partout*. Mais l'Académie française a ses partisans de l'ordre nouveau, Pierre Benoît, Abel Bonnard, Henri Bordeaux, Abel Hermant. La *NRF*, animée par Drieu, accueille Paul Morand, Marcel Aymé, Jacques Chardonne, qui vante la mâle fierté du soldat allemand de 1940.

Giono, Jouhandeau, Montherlant, qui exalte le paganisme nazi dans *Le Solstice de juin*, ne dissimulent pas leurs sympathies. Mauriac lui-même, qui passera à la Résistance, recherche les bonnes grâces du lieutenant Heller de la Propagandastaffel pour pouvoir publier *La Pharisienne* en juin 1941.

Les hommes de science, Georges Claude, le Pr Fourneau et les artistes, Derain, Despiau, Dunoyer, Friesz, Maillol, Vlaminck, ont choisi le camp du vainqueur. Marie Laurencin s'émerveille de vendre 200 000 F le moindre de ses tableaux à ces Allemands qui ont tant de goût.

Les musiciens sont les plus enthousiastes. Pour la pianiste Lucienne Delforge, « la collaboration, c'est Mozart à Paris ». Alfred Cortot, Schmitt, Delannoy, Samazeuilh, acceptent les invitations allemandes, tout comme la cantatrice Germaine Lubin et le danseur Serge Lifar.

Le monde du spectacle a aussi ses collaborateurs comme Sacha Guitry — qui reçoit à sa table Jünger, Epting, Speidel —, l'acteur Le Vigan, les actrices Yvette Lebon, Corinne Luchaire, Mary Marquet, Arletty. On inquiétera à la Libération les chanteurs Tino Rossi, Maurice Chevalier, et le cinéaste Clouzot pour avoir tourné *Le Corbeau*, film jugé antifrançais.

Le Tout-Paris s'est aisément adapté à l'occupation. On côtoie sans gêne les uniformes allemands dans les salons, les théâtres ou les restaurants de luxe comme Maxims ou la Tour d'Argent, Les boîtes de nuit font fortune : « Jamais il n'y en a eu autant », constate *l'Illustration*.

Les grands noms de l'armorial, Polignac, Noailles, y retrouvent les célébrités du moment, Marie-Louise Bousquet, Florence Gould ou Coco Chanel. Henri Lafont reçoit rue Lauriston, avec de jolies femmes, « les comtesses de la Gestapo », des aventuriers comme Jean Luchaire ou Lionel de Wiett, mais aussi le préfet de police Bussière.

Arno Breker évoquera l'accueil délicat de Karl et Alice Epting à l'Institut allemand, où afflue tout ce qui compte dans Paris, et « l'atmosphère souvent exaltante de ces échanges mondains et intellectuels. »

2. **La tentation du profit.** — La collaboration économique est encore mal connue. Les affaires, en tout temps, aiment le secret. Par ailleurs le pays était soumis à un ensemble de contraintes : les paysans devaient subir les réquisitions allemandes, les industriels livrer une partie de leur production, les commerçants satisfaire les militaires allemands qui raflaient tissus, chaussures, alcools, parfums, bijoux. Les Français n'étaient pas libres en face du client allemand.

Le gouvernement de Vichy tenta de freiner les exigences allemandes (Bouthillier, Barnaud) et la mainmise du Reich sur les entreprises françaises. Il ne put empêcher le pillage économique, les prélèvements allemands dépassant en 1943 22 % de la production française (de 1938).

Mais ces échanges ne pouvaient s'opérer sans la participation active de Français intéressés aux bénéfices.

Les trafiquants les plus célèbres fournissent en produits divers les Bureaux d'Achat allemands, et notamment le plus actif, le bureau Otto, dirigé par Hermann Brandl. Le ferrailleur Joanovici y revend 85 F le kg le cuivre taxé à 15 F. L'affairiste Szkolnikoff a pour complices des industriels, des directeurs de sociétés qui acceptent de trafiquer avec les SS.

Certaines entreprises, non contentes d'exécuter les contrats imposés, vont au-devant des désirs de l'occupant. Le reproche en sera fait à Louis Renault, à Rhône-Poulenc, à la société Nobel.

Le cas typique est celui de l'entreprise de travaux publics S. et B., qui sollicite de l'organisation Todt la construction du Mur de l'Atlantique. Elle y réalise 41 % de son chiffre d'affaires, soit 378 millions. Elle construit aussi sur le sol allemand et fait bénéficier la Kriegsmarine de l'un de ses brevets. A la Libération, elle est condamnée à verser seulement 1 % du montant de son chiffre d'affaires, ce qui scandalise l'opinion.

L'épuration a été très indulgente en matière de délit économique. Les sanctions (32 pour un département comme la Sarthe) ont frappé des restaurateurs, des maquignons, des crémiers, des forains, plus rarement des petits industriels ou le paysan qui préférait vendre ses veaux 2 000 F aux Allemands plutôt que 1 100 au ravitaillement.

La Commission nationale interprofessionnelle d'Epuration a retenu 1 538 dossiers sur lesquels elle a prononcé 146 condamnations. Les grandes banques, Crédit Lyonnais, Paribas, BNCI, qui ont plus que doublé leur capital pendant l'occupation, ont eu quelques dirigeants sanctionnés.

Le patronat en général parvint à justifier son action — ainsi Berliet — et, associant profit et prudence, à traverser les orages du temps.

CONCLUSION

L'armistice imposait une collaboration de fait avec l'occupant. Mais le gouvernement de Vichy voulut aller au-delà en recherchant une collaboration politique qui risquait de l'entraîner dans la guerre aux côtés de son vainqueur. Les collaborateurs parisiens s'alignèrent délibérément sur l'idéologie nazie.

C'est l'Allemagne qui a freiné la collaboration. Elle l'a utilisée à son profit exclusif, sans jamais traiter la France autrement qu'en pays vaincu. L'Etat français lui a servi d'écran pour dissimuler la répression policière et le pillage économique. Quant aux fascistes français, elle a favorisé leurs querelles et méprisé leurs prétentions.

La collaboration, d'abord admise comme une habileté, est apparue comme une duperie. Elle reposait en effet sur deux graves erreurs d'appréciation : la victoire définitive de l'Allemagne et la volonté d'Hitler de ménager à la France sa place dans la nouvelle Europe.

La collaboration ne peut s'expliquer indépendamment des passions politiques et des faiblesses humaines. Elle a été voulue par opportunisme, prônée par conviction, quémandée par appétit, consentie par faiblesse. Elle a profondément divisé le pays et laissé rancune et remords dans la conscience collective.

Il faut pourtant la regarder en face, car « voici que le temps fait son œuvre : un jour les larmes seront taries, les fureurs éteintes, les tombes effacées » (de Gaulle).

BIBLIOGRAPHIE

1. *Les premières études*

Robert ARON, *Histoire de Vichy*, Paris, Fayard, 1954.
St. PAULIEN (Yvan SICARD), *Histoire de la collaboration*, L'Esprit Nouveau, 1964.
Michèle COTTA, *La collaboration 1940-1944*, Paris, Colin, 1965.

2. *Les études étrangères*

Eberhard JACKEL, *La France dans l'Europe de Hitler*, Paris, Fayard, 1968.
Robert O. PAXTON, *La France de Vichy*, Paris, Editions du Seuil, 1973.
Stanley HOFFMANN, *Essais sur la France*, Paris, Editions du Seuil, 1974.

3. *Sur Vichy*

Yves DURAND, *Vichy 1940-1944*, Paris, Bodars, 1972.
Henri MICHEL, *Pétain, Laval, Darlan, trois politiques*, Paris, Flammarion, 1972.
Henri MICHEL, *Pétain et le régime de Vichy*, Paris, PUF, 1978.
R. PAXTON et H. MARRUS, *Vichy et les Juifs*, Paris, Calmann-Lévy, 1981.
Dominique ROSSIGNOL, *Vichy et les FM*, Paris, IC Lattes, 1981.
Marc FERRO, *Pétain*, Paris, Fayard, 1987.

4. *Sur la collaboration*

Pascal ORY, *Les collaborateurs 1940-1945*, Paris, Editions du Seuil, 1977.
Pascal ORY, *La France allemande*, Paris, Gallimard, 1977.
Henri AMOUROUX, *Les beaux jours des collabos*, Robert Laffont, 1979.
Dieter WOLF, *Doriot, du communisme à la collaboration*, Paris, Fayard, 1970.
Claude LEVY, *Jean Luchaire et les Nouveaux Temps*, Paris, Colin, 1974.
Jacques DEPERRIE de BAYAC, *Histoire de la Milice 1918-1945*, Paris, Fayard, 1969.
Jacques DELARUE, *Trafics et crimes sous l'occupation*, Paris, Fayard, 1968.
Hervé Le BOTERF, *La vie parisienne sous l'occupation*, Paris, France-Empire, 1974.
Henri MICHEL. *Paris allemand*, Paris, Albin Michel, 1981.
Raymond TOURNOUX, *Le Royaume d'Otto*, Paris, Flammarion, 1982.
Fred KUPFERMAN, *Laval*, Paris, Balland, 1987.
Philippe BURIN, *La dérive fasciste, Bergery, Doriot, Déat*, Paris, 1986.

5. *Sur la fin*

André BRISSAUD, *La dernière année de Vichy 1943-1944*, Paris, Perrin, 1965.
Louis NOGUÈRES, *La dernière étape : Sigmaringen*, Paris, Fayard, 1956.
Robert ARON, *Histoire de l'épuration*, Paris, Fayard, 1974, t. III.

6. *Les synthèses récentes*

Jean-Pierre AZEMA, *La collaboration 1940-1944*, Paris, PUF, 1975.
Jean-Pierre AZEMA, *De Munich à la Libération 1938-1944*, Paris, Editions du Seuil, 1979.

7. La *Revue d'histoire de la seconde guerre mondiale*
nos 54, 91, 95, 108

8. Les films

Le chagrin et la pitié (1971). *Français, si vous saviez* (1973). *Lacombe Lucien* (1974).

TABLE DES MATIÈRES

Imprimé en France
Imprimerie des Presses Universitaires de France
73, avenue Ronsard, 41100 Vendôme
Septembre 1989 — N° 35 202